LE YES DE MURPHY

SOLO PARA MUJERES

LEYES DE MURPHY SOLO PARA MUJERES

PORQUE NADA ES TAN FÁCIL COMO PARECE

Texto e ilustraciones de

ANA VON REBEUR

GRUPO
EDITORIAL
norma

Bogotá, Barcelona, Buenos Aires, Caracas, Guatemala,
Lima, México, Panamá, Quito, San José, San Juan,
San Salvador, Santiago de Chile, Santo Domingo

Von Rebeur, Ana, 1958-
    Leyes de Murphy solo para mujeres / Ana Von Rebeur. --
Bogotá : Grupo Editorial Norma, 2009.
    216 p. : il.; 23 cm.
    ISBN 978-958-45-1922-1
    1. Mujeres - Aspectos psicológicos 2. Madres - Aspectos
psicológicos 3. Psicología de la mujer - Anécdotas, chistes,
sátiras, etc. 4. Mujeres - Relaciones con hombres - Anécdotas,
chistes, sátiras, etc. 5. Relaciones de pareja - Anécdotas, chistes,
sátiras, etc. 6. Humorismo argentino I. Tít.
305.4 cd 21 ed.
A1214308

    CEP-Banco de la República-Biblioteca Luis Ángel Arango

Impreso por Cargraphics S.A.

Abril de 2009

Diseño de cubierta, Felipe Ruiz Echeverri
Diagramación, Nohora Betancourt Vargas

cc.26024693
ISBN 978-958-45-1922-1

CONTENIDO

PRÓLOGO   9

PRIMERA PARTE:
LAS LEYES MURPHY   13

Capítulo 1: La mujer Murphy y las delicias
de la vida cotidiana   15

Capítulo 2: Reglas de belleza Murphy para la mujer
desesperada   35

Capítulo 3: Leyes femeninas Murphy sobre los hombres   61

Capítulo 4: Leyes de Murphy en el trabajo   91

Capítulo 5: Cuando necesitas vacaciones que no sean
Murphy   109

Capítulo 6: Leyes de Murphy de las fiestas de fin de año   121

Apéndice 1: Tipos de mujeres Murphy   127

SEGUNDA PARTE: DEL SEÑOR MURPHY
SOLO PARA MAMÁS   133

Capítulo 1: Leyes de Murphy para tener en cuenta
antes de convertirse en mamá   135

Capítulo 2: Ya es tarde: ahora eres una mamá Murphy   147

Capítulo 3: Hijos chicos, problemas chicos...
Hijos grandes, problemas Murphy   165

Capítulo 4: La mamá Murphy y el hijo adolescente   181

Capítulo 5: Cosas que hacen que ser mujer valga
la pena aunque la vida sea tan Murphy   203

PRÓLOGO

¿Alguna vez te ha pasado que necesitas con urgencia algo que ayer tiraste a la basura? ¿Que se te arruina la camisa nueva cuando más la necesitas? ¿Que se te rompe el único par de medias negras cuando estás por salir para esa fiesta? ¿Que tus hijos parecen siempre confabularse en contra tuya? ¿Que justo cuando estás lista para ir a trabajar, tu bebé te vomita encima? ¿Que basta con que cuelgues la ropa para que empiece a llover?

Aunque nadie escapa a las reglas, está comprobado que las Leyes de Murphy afectan más a las mujeres.

Pero… ¿qué son las Leyes de Murphy?

Son las reglas que marcan la tendencia perpetua de la vida de una mujer a convertirse en un pequeño infierno de importantes dimensiones.

Son las leyes que hacen que cada noche de la infancia de tus hijos caigas rendida en la cama, con un cansancio equiparable a haber estado en un campo de batalla, cargando una mochila con todos los víveres de la tropa, en una guerra que se libra en la cima de los Himalayas.

Son las leyes que te hacen preguntate si una mujer sana y normal no puede volverse loca luego de pensar por milésima vez en el año qué preparar para la cena.

¿Se sabe quién fue Murphy? ¿Tuvo hijos el señor Murphy? Suponemos que si sabía tan bien de qué manera obtusa funciona este mundo y tenía dos dedos de frente, no los tuvo. En mi caso, querida lectora, es al contrario: justamente por haber tenido hijos supe que por más preparada que estés para ser la madre perfecta, todo en la maternidad tiende al desastre. Tu bebé perfecto tendrá la cola perfectamente irritada, tu querubín adorado lanzará espuma por la boca como un poseído solo porque quieres llevarlo a la cama la hora en que la gente normal duerme –por si no lo recuerdas, cerca de la medianoche– y tu hijita adorada te robará tu ropa y tus mejores zapatos para luego devolverte el vestido quemado y los zapatos sin tacones, porque los perdió en el baile.

Suponemos que el señor Murphy se las ingenió para no casarse jamás, o para usar métodos anticonceptivos a prueba de las leyes de su nombre. Dice la leyenda que Edward A. Murphy Jr. era un ingeniero que trabajó en la Fuerza Aérea de los Estados Unidos desarrollando varios experimentos científicos. Claro que las pruebas salían tan mal que en 1949 Murphy dijo: "Si alguien tiene una forma de cometer un error, lo hará". También se dice que entre los miembros del equipo llegaron a la conclusión de que "si puede ocurrir, ocurrirá", que luego se transformó en: "Si algo puede acabar en desastre, alguien lo hará de esa manera". Al poco tiempo, otros escritores se apropiaron de la frase "Todo lo que pueda salir mal, pasará".

Aunque nadie supo las palabras exactas que utilizó Murphy, la cuestión es que fue un brillante fracasado, ya que aunque los experimentos le salieron horribles, pasó a la historia echándole la culpa de sus errores a la tendencia general de las cosas a salir mal.

De todos modos, él no fue el primero en reflexionar sobre esta tendencia. Ya Napoleón Bonaparte afirmaba: "Si te preparas para lo peor, tendrás más posibilidades de triunfar". Suponemos que Murphy se copió de Bonaparte, ya que Napoleón era todo un experto en el tema, y estas leyes bien podrían llamarse las Leyes de Bonaparte. Recordemos que entre otras frases brillantes, el estratega de guerra también ordenó: "Vísteme despacio, que estoy apurado", y en una carta a su esposa Josefina le dijo: "Llego el martes. No te bañes".

Igualmente, antes de Napoleón, el emperador Augusto les decía a sus soldados: "Apresúrate lentamente", mientras Carlos III decía: "El apuro es desperdicio". Winston Churchill declaró algo parecido en la Segunda Guerra Mundial: "Antes que nada, calculo lo que haría yo si llegara a suceder lo peor, para que suceda lo mejor".

Entonces, querida mujer, imagínate que si generales y emperadores tan poderosos se topan con problemas terribles en la vida cotidiana, ¿qué podemos esperar las mujeres que estamos siempre al servicio de los demás?

Nosotras tendemos a sufrir los problemas de los emperadores multiplicados por millones. Porque ningún rey tiene que hacer tantas cosas en un día como una mujer, a la que se le pide que sea buena madre, buena hija, buena esposa, buena ama de casa y buena profesional... ¡Lo que no logramos sin una buena cantidad de estrés! Por eso mismo, la reina del hogar es la que más necesita tener a mano las Leyes de Murphy para prevenir desastres.

¿Parece muy deprimente?

¡Todo lo contrario!

El espíritu de las Leyes de Murphy es el de estar napoleónicamente preparada para lo que pudiera fallar. Al estar listas para lo peor, hay menos posibilidades de que los errores nos tomen por sorpresa. Calamidades cotidianas no nos faltan. Las cosas se ensañan contra nosotras, la practicidad se esfuma, los aparatos se rompen, las licuadoras se queman, los autos se funden, las mascotas se rebelan y los hijos reaccionan de manera opuesta a lo esperado. Pero las *Leyes de Murphy solo para mujeres* llega a tus manos para servirte de consuelo y para que enfrentes el día a día con una sonrisa.

Tu casa no es un desastre, tu familia no es disfuncional, tus hijos no son tontos, tu marido no es inútil, tu peluquero no está loco y no te sale todo mal solo a ti, sino que las cosas naturalmente salen torcidas.

Algunas cosas en la vida fallan y las cosas tienen una tendencia a ponerse peor. Sabiendo que al menos eso no falla, tenemos alguna certeza en la vida.

Si algo no se rompe, no se arruina, no se quema, ni sale al revés de lo planeado, estás presenciando un milagro.

Así que al enterarte de cuál es el destino natural de las cosas, sabrás que Murphy era un optimista. Las Leyes de Murphy no fallan nunca. Y eso es bueno, porque como se aplica a sí misma, la misma Ley de Murphy tiende a fallar. Y muchas veces sucede que incluso cuando esperas lo peor y perdiste toda esperanza, todo se resuelve solo y de manera mejor a la esperada. Sí, a la vida le gusta desconcertarte.

Espero que este libro, en cambio, te alegre la vida, te alivie tus pesares y te haga sentir que no eres la única a la que le pasan estas cosas.

¡VAMOS, ÁNIMO!

PRIMERA PARTE

Las Leyes **Murphy** que desquician a toda **mujer**

Cualquier cosa que hagan las mujeres, deben hacerla dos veces mejor
que los hombres para que se crea que son la mitad de buenas.
Por suerte, esto no es difícil.

CHARLOTTE WHITTON

Las cosas no son tan malas como parecen. Son peores.

BILL PRESS

CAPÍTULO 1

La mujer **Murphy**
y las delicias de la vida cotidiana

De hombres es equivocarse;
de locos persistir en el error.
MARCO TULIO CICERÓN

A veces un grito es mejor que una tesis.
RALPH WALDO EMERSON

1 LEYES DE MURPHY QUE HACEN INHÓSPITA NUESTRA PROPIA CASA

- Todas las cosas que utilizamos con más frecuencia las encontramos siempre detrás de aquellas que no utilizamos nunca.

- Los platos agrietados nunca se rompen.

- **Para limpiar una cosa es necesario ensuciar otra, pero es posible ensuciarlo todo sin limpiar nada.**

- El grado de dureza de la mantequilla es inversamente proporcional a la del pan.

- **Si varias cosas pueden salir mal, saldrá mal la que cause el peor daño posible, en el momento más inoportuno.**

- **Ley de Murphy No. 11:** Si hiciste todo lo posible para que las cuatro cosas que podrían salir mal no salgan mal, aparecerá una quinta cosa que no tuviste en cuenta.

- Todo lo que investigues servirá para sostener la teoría de "que sea lo que Dios quiera".

- Para encontrar algo, hay que ir a comprar uno nuevo: a los cinco minutos aparecerá el original.

- Lo que te sale bien, sucede cuando nadie te ve.

- Las buenas ideas nunca se recuerdan y los comentarios idiotas jamás se olvidan.

- El que tenga menos razón hablará más fuerte.

- Solo entrarán a casa con los pies embarrados cuando hayas acabado de brillar los pisos.

- El rollo de papel higiénico siempre se agota en el momento en que tú, mamá, lo necesitas.

- La vida hogareña se trata de vaciar lo lleno, llenar lo vacío, mojar lo seco, secar lo mojado y rascar donde pica.

- No importa que alguien se caiga, siempre que recoja algo del suelo al levantarse.

- No importa que los hijos se peleen, mientras no manchen la alfombra con sangre.

- La mancha que estás limpiando siempre se encuentra al otro lado del cristal

- La bombilla de luz que esté más alta será la que se queme antes y con mayor frecuencia.

- La mejor manera de no errar es pedírselo a otro para luego tener a quien culpar.

- El trabajo doméstico es eso que no se nota a no ser que no se haya hecho.

- La duración de un minuto depende del lado de la puerta del baño en que te encuentres.

- No te preocupes por lo que las vecinas piensan de ti: ellas están demasiado ocupadas preocupándose por lo que tú piensas de ellas.

2 MALDITOS OBJETOS QUE TE...

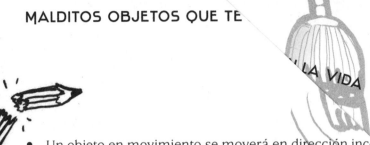

...LA VIDA

- Un objeto en movimiento se moverá en dirección inco rrecta y un objeto en descanso estará siempre en el lugar inco rrecto.*

- Las cosas valiosas atraen pelotas veloces y el piso atrae los objetos más frágiles.

- Las copas recién lavadas se desplazan solas por la mesada y caen al piso, pero las mesas y las macetas con ruedas jamás se desplazan.

- Lo que más necesitas está siempre en el cajón trabado.

- Nunca aparece lo que estás buscando con urgencia, sino aquello que necesitabas imperiosamente tres meses atrás.

- Los objetos que buscas jamás aparecerán cuando los ne- cesitas, sino cuando estés buscando cualquier otra cosa, momento en el cual, será totalmente inútil e incluso hasta un estorbo.

  Consejo antimurphy: Busca cualquier otra cosa cuando quieras encontrar lo que realmente necesitas.

- Si encuentras un objeto que estaba perdido, desaparecerá otro.

- Todo siempre se encuentra en el último lugar en el que pensaste buscar.

---

* Nota: Un marido mirando televisión entra en la categoría de "objeto".

...es algo en un lugar seguro, jamás lo vuel-

- Cada vez ... valiosa siempre cae en un sitio inaccesible.
  ves ...

- ...o guardas el dinero dentro de algo muy feo (un ...o, una caja), lo acabas arrojando a la basura, olvi-...ndo que tus ahorros estaban allí.

- Para esconder algo de tu esposo, pónselo delante de su nariz.

- Si guardaste algo durante años y nunca lo usaste, lo puedes tirar a la basura. Si lo tiras, lo vas a necesitar apenas se lo lleve el camión de la basura. Si lo guardas, cuando lo necesites no lo vas a poder encontrar.

- **Todo lo que pierdas, se encuentra después de comprar uno nuevo.**

- Siempre sobran más tornillos que tuercas por más tornillos, clavos, tuercas y arandelas que juntes. Pero cuando necesitas uno, hay que comprar uno nuevo.

3 LOS RETORCIDOS SISTEMAS DE APERTURA MURPHY

- Luego de abrir el sobre de mayonesa, yogur o leche, es posible que descubras que lo has abierto por la base.

- La bolsa de plástico nunca se abrirá por el lado que suponemos primero.

- La punta del rollo de cinta adhesiva transparente solo se ve cuando acabas de comprar el rollo, luego la pierdes para siempre.

- Los envases con cierre de seguridad se aseguran de que no los puedas abrir ni con tijeras de podar.

- Las galletitas y los chicles tienen una cintita de apertura a prueba de adultos.

- Los aros para abrir el tapón dosificador del aceite no se abren sin ayuda de un destornillador grande. Y cuando lo logras abrir, estás empapada de pies a cabeza.

- Si le haces un agujero al sobre de mayonesa, al cartón de leche o al tapón del aceite, siempre será demasiado grande o demasiado pequeño.

- Es mejor romper el paquete de papas fritas que intentar abrirlo civilizadamente.

4 RAZONES POR LAS QUE CUALQUIER MUJER PREFERIRÍA QUE UN HOMBRE SE ENCARGARA DEL SERVICIO DOMÉSTICO

1 A nadie le gusta hacer las tareas domésticas. Pero dado que los hombres están más habituados a hacer cosas desagradables, como buscar petróleo, reparar tejados, pescar tiburones o destapar cloacas, son los más adecuados para limpiar la casa, que es algo más ligero que pescar tiburones y extraer petróleo: limpiar, cocinar, lavar y planchar serían pan comido para ellos.

¿POR QUÉ ECHASTE A TU MUCAMA?

¡PORQUE ERA MÁS JOVEN, MÁS DELGADA Y MÁS ALEGRE QUE YO!

2 A una mujer que te ayude con la casa le desagradaría que te pongas a bailar desnuda en la sala… pero a un hombre le encantaría que lo hicieras.

3 Una empleada friega los pisos sin ganas. Un hombre competitivo los dejaría radiantes.

4 Un varón como empleado doméstico sería una presencia masculina y una imagen paterna en un hogar sin padre presente. Podría regañar a los niños más que tú y hasta les enseñaría a jugar al básquet y al fútbol.

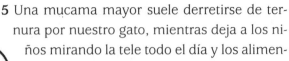

5 Una mucama mayor suele derretirse de ternura por nuestro gato, mientras deja a los niños mirando la tele todo el día y los alimenta con dulces. Un mucamo mayor les enseñaría a jugar al póquer.

6 Si un empleado doméstico varón sabe destrabar una persiana, reparar un grifo que gotea, arreglar un cortocircuito y cambiar las tejas rotas, ya no tienes que llamar al albañil, al plomero o al electricista.

7 En cualquier búsqueda laboral se convocan tanto a mujeres como a hombres para elegir el mejor. Si para empleada doméstica solo se eligen mujeres, se trata de discriminación sexual.

8 Las mujeres están doblemente sometidas: las empleadas domésticas y niñeras trabajan deslomándose en casas ajenas, para volver a casa a repetir las mismas tareas que hicieron a sueldo. ¡Salvemos a esas mujeres de la doble jornada de limpieza hogareña!

9 Un mucamo podría mostrarles a nuestros hijos que un hombre sabe coser un botón, preparar un pastel y plancharse el pantalón sin perder un ápice de virilidad por ello.

10 Nuestros débiles músculos femeninos nos impiden cargar una escalera para cambiar una lámpara, colgar una repisa o correr el lavarropas para ver por qué diablos el motor no funciona. Esas son tareas de hombre. Pero el hombre de la casa tampoco encuentra el momento de dedicarse a esas cosas. Un mucamo con un mínimo de conocimientos técnicos sería lo mejor que nos podría pasar a todas las mujeres.

11 Tener un hombre de empleado doméstico nos permitiría mandarnos la parte ante nuestras amigas. Sobre todo, si se parece a Javier Bardem.

Sin embargo, recuerda la Décima Ley de Murphy:
Toda solución engendra nuevos problemas.

5 LEY DE MURPHY DE LOS ARTEFACTOS ROTOS

- La esperanza de vida de un electrodoméstico es inversamente proporcional a su precio y directamente proporcional a su fealdad.

- **Las tuercas sobrantes nunca se ajustan a los tornillos sobrantes.**

- Si algo puede averiarse, sucederá cuando tu marido esté de viaje.

- Cuanto más necesitas una cosa, más lejos la tienes que enviar para repararla.

- **Si un artilugio mecánico falla, lo hará en el momento más inoportuno.**

- Cualquier cosa funcionará mejor si la enchufas.

- El accesorio más caro es el que menos se utiliza.

- Si se traba, fuérzalo. Si se rompe, es que había que cambiarlo de todas maneras.

- Cuando todo falle, lee las instrucciones.

6 LEYES DE GRAVEDAD DE MURPHY

- La probabilidad de que una tostada caiga con el lado de la mantequilla hacia abajo es proporcional al precio de la alfombra.

- Las probabilidades se disparan cuando la tostada tiene esa carísima mermelada de arándanos que tanto te gusta.

- Si quieres probar que esta ley se cumple, el pan caerá con la parte enmantecada hacia arriba.

- No se puede determinar a priori en qué lado de la tostada hay que poner la mantequilla.

- Los gatos siempre caen parados, pero un gato con un pan enmatecado atado al lomo no cae de pie jamás.

- Cualquier objeto se te caerá de un modo que al intentar atajarlo provoques un daño mayor.

- Las cosas frágiles tienden a caerse sobre ángulos rectos muy sólidos

- Si no se rompió al caer, lo romperás al levantarlo del piso.

- Si algo frágil cae sobre una mesa de vidrio, se romperá el objeto y también la mesa.

- **Si dos cosas chocan entre sí y se rompe solo una, se romperá aquella de mayor valor.**

- La tintura para el pelo no cae sobre las toallas viejas, sino sobre la ropa nueva.

- **Todo lo que se cae en el baño, caerá dentro del retrete. Incluyendo el celular.**

- La gota de pintura siempre cae en el lugar del periódico donde hay un agujero, y no la vas a descubrir en la alfombra hasta que esté seca.

7 LEYES DE MURPHY DEL VASO ROTO

Primera Ley del vaso roto

Cuando el bebé haya arrojado un vaso de vidrio al piso, el último trocito de vidrio roto que recojas, será en verdad el antepenúltimo.

Segunda Ley del vaso roto

Solo encontrarás el penúltimo trocito de vidrio roto caminando descalza por la cocina.

Tercera Ley del vaso roto

El último trocito de vidrio roto siempre se encuentra en la boca del bebé.

8 LA MUJER MURPHY Y LA TELEVISIÓN

- Si solo hay dos programas dignos de ver, se emitirán a la misma hora.

- Tu película favorita coincidirá con el único evento social del mes.

- Pasarás un sábado muy aburrido y a medianoche recordarás que a las diez comenzaba la película que querías ver.

- Tu marido nunca querrá ver la película que quieres ver tú.

- Tu marido no querrá ver *Sex and The City* ni *Amas de casa desesperadas*, ni aunque le prometas que verá mujeres desnudas en cada serie.

- Si vas al cine, estarás condenada a sufrir dos horas de aburrimiento con una película sobrecalificada.

- Si ves a uno de tus hijos lejos del televisor, es porque el aparato acaba de dañarse.

- Si viste solo una vez una serie de televisión, cuando la vuelvas a ver será una repetición del mismo capítulo.

Si por alguna razón logras sentarte a ver un capítulo nuevo de tu serie favorita puede suceder algo de lo siguiente (o varias de estas cosas combinadas):

Que tu marido te pida un favor especial.

Que tus hijos te pidan ayuda en las tareas escolares.

Que llegue una visita inesperada.

Que haya un partido de fútbol
importante a la misma hora.

Que te llame por teléfono tu amiga
que se acaba de separar.

Que se dañe la señal o la imagen de la televisión.

Que se corte la luz.

El Juego de las 7 Diferencias

Distinga a la mujer estresada de la que no lo está

CAPÍTULO 2

Reglas de belleza **Murphy**
para la mujer desesperada

*Si no te equivocas de vez en cuando,
es que no lo estás intentando.*
WOODY ALLEN

1 LEYES DE MURPHY DE LA BELLEZA Y LA ELEGANCIA

- Cuando te acabas de maquillar y estás lista para una entrevista importante, te entrará delineador en el ojo y se te correrá el rímel.

- El maquillaje que se te rompe en el bolso siempre es el más nuevo o el más caro (o ambos).

- Ese lápiz labial indeleble, se sale de tu boca pero no de tu blusa.

Cuando decides por fin usar esa minifalda mínima...

* la temperatura es la más baja del año.

* notas que tienes tres kilos de más y que no te cierra.

* no tienes un par de medias que no tenga un huequito.

* tu auto no arranca y deberás tomar el tren.

* lees una revista que dice que las faldas se usan largas y las mini están *out*.

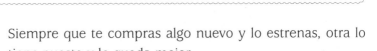

- Siempre que te compras algo nuevo y lo estrenas, otra lo tiene puesto y le queda mejor.

- Los zapatos más lindos son también los más incómodos.

- No importa qué tan quieta te quedes, los collares siempre se te enredan.
- Siempre que terminas de pintarte las uñas, necesitas ir al baño.
- Solo llueve cuando estrenas botas de gamuza.

Consejo antimurphy: Si no hay cómo disimularlo, llámalo "estilo".

2 LEYES DE MURPHY DE LA PELUQUERÍA

- Cuando sales de la peluquería feliz de haberte hecho un corte osado, te confunden con tu hermano.
- Cuanto más feo sea el nuevo corte de pelo, más tardará en crecer el cabello.
- **Cuando te ondulas el pelo, te enteras de que a tu marido siempre le gustó liso.**
- La única peluquería que te puede atender el viernes en la noche te hace un peinado ridículo y te deja el pelo de color remolacha.
- La velocidad del viento aumentará proporcionalmente al costo del peinado.
- **A los 15 te preocupas porque tienes las puntas florecidas. A los 30 se te cae el pelo antes de florecer.**
- La peluquería es ese lugar al que las mujeres siempre añoran entrar, y de donde siempre salen llorando, arrepentidas por haber entrado.
- Los peluqueros generalmente nos odian porque querían ser Ricky Martin, y ahí están, barriendo canas.
- La primera vez te atienden como los ángeles, pero la segunda vez te hacen lo contrario de lo que les pediste la primera vez y encima te discuten a muerte que la culpa es tuya porque no fuiste clara con el pedido.

- Los espejos de las peluquerías siempre tienen una iluminación en la que te ves cadavérica, anciana y verdosa.

- **Cuando piensas que te hiciste el corte de moda los demás pensarán que te ves como de 1986: claro, la revista de donde lo sacaste era de ese año.**

- La mejor colorista es la que peor color de pelo tiene, porque ella les hace el color a todas las demás, mientras que todas las demás se lo hacen a ella.

- Siempre te preguntarán: "¿Dónde te hicieron este desastre? ¿Por qué te dejaste y no te cuidaste el pelo?", aunque lleves veinte años yendo al mismo lugar.

- El mismo peluquero que te ha hecho las iluminaciones mes tras mes, te reprocha amargamente que tienes el pelo muy venido a menos porque te lo decoloraste.

- La tintura oscura endurece los rasgos, pero la decoloración reseca el pelo.

- Cada "sí" que digas en la peluquería (sobre todo cuando te ofrecen la maravillosa ampolla de abdomen de iguana moteada de Singapur), equivale a un aumento de un 50 % en tu cuenta final.

- Por cada "no" que digas en la peluquería, sueles ser castigada con tironeos de pelo en medio de chorros de agua ardiente seguidos de chorros de agua helada, además de quejidos cuando mueves la cabeza para evitar tu decapitación en la pileta de lavado.

- En la peluquería nada toma menos de tres horas.

Consejo antimurphy: Los peluqueros son una raza peligrosa. Mi lema en la vida es: "Nunca le creas a un hombre. Pero menos si es peluquero".

Y en la casa...

- La tintura casera depara sorpresas. Lo que en la foto de la caja era un rubio cenizo en tu cabeza queda como un marrón diarrea. El rubio dorado es un mostaza rabioso. El sensual color cereza cálida te queda zanahoria esquizofrénica. Y el castaño oscuro que usas para tapar todos los desastres anteriores, te queda de color negro tinta con reflejos verdosos, que para una cantante *punk* va bien, pero no para una persona que tiene que ir a la reunión de madres de la escuela a juntar fondos para cambiar los pizarrones, que hasta tienen un color más cálido y natural que el de tu pelo.

- Las canas son más resistentes que la caja negra de un avión, sobre todo a la tintura
- De tanto nutrir, hidratar, vitaminizar y humectar el pelo, este se cansa y se cae.

Consejo antimurphy:

Se comprende que las mujeres musulmanas no quieran abandonar el velo, la burka o el chador. ¡Cualquier cosa que te ayude a taparte el pelo es el mejor amigo de la mujer!

3 LEYES DE MURPHY PARA CUANDO ESTÁS A DIETA

LEY DE MURPHY NO. 19: SI LAS PROBABILIDADES DE ÉXITO SON DE UN 50%, ESO SIGNIFICA QUE LAS PROBABILIDADES DE FRACASO SON DE UN 75%.

- Ni la balanza anda mal ni tus zapatos pesan cinco kilos.
- La expresión "el lunes empiezo", siempre se refiere al lunes siguiente.
- Cuando haces dieta para las vacaciones, terminas no saliendo ni a la esquina.
- Basta que decidas hacer dieta para que te inviten a tres banquetes.
- Toda mujer haciendo dieta tiene derecho a un chocolate que le reponga el buen humor, pero será ese chocolate el que cause un grano en la punta de la nariz.
- El peso extra que refleja la báscula cuando te pesas al salir de la ducha no es el de tu pelo mojado.

¿POR QUÉ UNA NUNCA TIENE ANTOJO DE LECHUGA?

- La dieta de la luna, el pomelo, los puntos y la Scarsdale no funcionan en menos de dos semanas ni en menos de dos años.
- El pastel que más apetitoso se ve, con el que decides romper la dieta, lleva tres días en el mostrador y es lo más feo que te has comido en la vida.

- Si es bajo en grasa, tiene mucha azúcar. Si es bajo en azúcares, no tiene suficiente proteína. Si es alto en proteínas, no tiene fibra.

- Una ensalada César tiene 600 calorías que se consumen en una hora y media de caminata o en dos días de ayuno.

- **Si consumes una cena completa con postre, no creas que quemas esas calorías mirando cincuenta horas de televisión.**

- **Usar edulcorante en el café no compensa las calorías de la pizza.**

- Los dos kilos que se pierden tras dos semanas de esfuerzo, se recuperan con media piña colada.

- Después de los treinta años las dietas reducen cachetes, busto y cola, pero no centímetros de piernas o panza.

Trampitas de la mujer Murphy:

- Si no tocas el pan con manteca de la mesa, podrás repetir el postre sin añadir calorías.

- Si cenas con tu marido, no cuenta como cena, es compartir la velada.

- Si logras que tu marido siga siendo más gordo que tú, siempre serás la más delgada de la casa.

- Si nadie te ve picar algo de la nevera, es como que no picaste nada.

- El chocolate aireado y el queso con agujeritos no engordan porque tienen aire.

4 LEYES DE MURPHY DEL GIMNASIO

- La gimnasia más efectiva es la más aburrida.
- Los relojes de los gimnasios funcionan más lento que todos los demás.
- Los aparatos de Pilates solo benefician a la familia Pilates.
- Los treinta minutos de *spinning* son los más largos de la historia.
- Lo más seguro es que ir al gimnasio te cause una lesión en la única parte de tu cuerpo que no necesitabas ejercitar.
- Ir al gimnasio en auto para correr en una cinta no es sensato.
- La primera semana de hacer gimnasia te hace sentir peor que nunca.
- Para lo único que sirven los gimnasios es para aprender inglés: andar en bici se llama *spinning*, saltar se llama *aerobics*, dar pasitos se llama *step* y no hacer nada de nada se llama *chill out*.

5 PISTAS QUE TE INDICAN QUE LA LEY DE MURPHY SE ROMPE SOLITA

- La dermatóloga te dice que tienes una piel excepcionalmente lozana.

- Tu terapeuta te dice que todo lo que tú ves como fallas, son ventajas.

- Te das cuenta de que luego de diez meses de ir al gimnasio, ya estás harta, pero acostumbrada.

- El ginecólogo te dice que tu citología es magnífica, genial, preciosa.

- **Encuentras un corpiño *push up* que te hace aparecer recién operada de aumento de mamas.**

- Caminas diez kilómetros y no te sientes cansada.

- Quieres comprarte lentes de contacto de color azul y en la óptica te preguntan: "¿Para qué los quieres teniendo ojos tan hermosos?".

- Aguantas más tiempo haciendo ejercicio que la mayoría de tus compañeras.

- Te queda bien la ropa de tu hija de quince años.

- Te das cuenta de que odias el gimnasio y hacer deporte, pero que ir todos los días al menos te sirve para conocer amigas con las que puedes ir a tomar el té con tortas, helados, brownies, sándwiches… sin sentir remordimiento por las calorías.

6 LEYES DE MURPHY DE LAS COMPRAS

- Si te gusta, no tienen tu talla.

- Si te gusta y tienen tu talla, no te queda bien.

- Si te gusta y te queda bien, es tan caro que no puedes comprarlo.

- Si te gusta, te queda bien y está de oferta, no está de moda.

- Si la etiqueta dice "talla única", es que no le va bien a nadie.

- Cuanto más pagues por un vestido, más olvidarás quitarle la etiqueta con el precio antes de que la vea tu marido.

- No importa lo que quieras comprar, la mujer que acaba de salir se llevó lo que tú querías y no queda otro. (Esta ley es especialmente activa cuando sabes exactamente lo que necesitas comprar).

- La empleada de la tienda siempre dice que te queda perfecto, que el cierre cede con un poco de jabón y que la tela cede con el uso.

- La empleada siempre te abre la cortina del probador cuando estás completamente desnuda.

- Cuando quieres probarte la ropa tranquila, la empleada está encima tuyo molestándote, opinando, abriéndote la cortina y preguntando a los gritos: "¿Te queda bien?". Pero cuando la necesitas para que te busque una talla más grande, desaparece de la vista.

- La empleada siempre te hace salir del probador para que te veas en un espejo grande, obligándote a hacer el ridículo adelante todo el centro comercial.

- Si sales a buscar otra talla en ropa interior, el local está lleno de hombres asombrados.

- Es cuando te ves en el espejo del probador cuando te das cuenta de que estarías mejor con seis kilos menos.

- **Es muy posible que termines comprando algo que no te gusta solo para compensar el tiempo que perdiste probándote ropa o para salir más rápido del local.**

7 LEYES DE MURPHY DE LA COMPRA DE UN BIQUINI

- Las tallas se dividen en 1, 2 y 3, pero los cuerpos de las mujeres se dividen en tallas 6, 7 y 8.
- Si eres talla 3 de caderas, eres talla 1 de busto y viceversa… ¡pero no aceptan que lleves la mitad de una talla y la mitad de la otra!

LAS MUJERES TIENEN UNA VISION DEFORMADA DE SU PROPIO CUERPO

COMO TE VES

COMO LUCES EN VERDAD

Consejos para que tu biquini desafíe a Murphy

- El biquini ideal tiene que sujetarte bien como para que no lo pierdas en la primera ola del mar, pero no tanto como para que se te salgan las carnes por arriba y debajo de las costuras.

- Tiene que tener tela tan gruesa como para que no sea transparente, pero no tanto como para que te de calor y se acartone juntando sal marina.

- El mejor corpiño es el que viene armado con un aro de alambre, que es el mismo que al segundo día de usarlo se te clava en la axila o en el esternón.

- La parte de abajo más sentadora de un biquini, se apoya sobre la cadera, pero tienes que pasar la vida depilándote. La de tiro bajo sobre la cadera hace que te rebose la panza por encima.

- El vestido de baño enterizo te tapa la panza… y te la deja de un feo color yogur.

- El blanco te hace gorda.

- El negro te hace pálida.

- El modelo más bonito viene en colores espantosos o a lunares.

- Los lunares del corpiño siempre coinciden con la ubicación de los pezones.

Pero Murphy se sale con la suya y si eliges el único vestido de baño que te queda bien, al mostrárselo a tu amiga/ hermana/ marido/ hija, pone cara de espanto y dice: "¿Ese? ¿Para ti? Nooo…".

8 LAS LEYES MURPHY DE LA MODA

En lo que a vestidos respecta, este es:

- **Indecente, 10 años antes de su momento.**

- **Lindo, un año antes de su momento.**

- **Ridículo, 3 años después de su momento.**

- **Horripilante, 20 años después.**

- **Divertido, 30 años después.**

- **Romántico, 100 años después.**

- **Hermoso, 150 años después.**

- Todo lo que hoy está de moda volverá a estar de moda dentro de treinta años, pero solo durante dos años.
- Quien tenga suficiente espacio como para guardar la ropa por tres décadas, no debería tirar nada.
- No hay modo de usar ropa *vintage* sin parecer la vagabunda que duerme en la calle y empuja el carrito de supermercado.

- Lo único que puedes hacer con un vestido de tu bisabuela es desear que un ovni lo abduzca, que se lo trague la tierra o regalárselo a una sobrina que no sabrá qué hacer con él.

- Si lo regalas, no lo aprecian.

- Si lo vendes, alguien de la familia te acusa de no haberlo conservado como recuerdo.

- Si lo usas, siempre tiene algo fuera de moda, sea el cuello o los botones.

- Si lo usas para la casa del perro, alguien te dice: "¿Cómo puedes ser tan desalmada y usar así una prenda de la abuela?".

LEYES MURPHY DE BOLSOS Y CARTERAS

- Ninguna cartera luce en tu hombro tan bonita como lucía en la vidriera del negocio

- Para encontrar la cartera ideal, antes hay que comprar 2567.

- Lo mejor de las carteras más lindas son los detalles y hebillas que –para ser sinceras– no sirven absolutamente para nada.

- Sin importar su aspecto, la mejor cartera es la que nadie más tiene.

- Todas quisiéramos usar solamente carteras doradas y plateadas, y si no lo hacemos es porque no nos parecen discretas para llevar al trabajo.

- Cuando encuentras una cartera genial, no te dura nada porque la usas demasiado.

- Si la usas poco, la manchas con esmalte de uñas.

- Si no la manchas con esmalte, la olvidas en un taxi o te la roban.

Consejo antimurphy: Puedes perdonar que tu cartera nueva sea idéntica a la que usan Madonna o Shakira.

- El día que cambias de cartera, te falta algo imprescindible que dejaste en la cartera anterior. Es por eso que aunque tengamos veinte carteras siempre usamos la misma: para no olvidar llaves y documentos en la otra cartera.

Consejo antimurphy: Una buena cartera es la que puedes llevar a una fiesta de gala y también usar para cargar las papas y manzanas que compraste en el mercado.

- Basta que alguien te diga lo linda que es tu cartera para que se le rompa la correa.
- El tamaño de la cartera es directamente proporcional al tiempo que gastas buscando el celular dentro de la misma
- Una buena cartera no es cara si dura cien años.

- **No soportas que una cartera dure tanto sin querer cambiarla por otra.**

- Las mujeres siempre acaban cambiando la cartera que les regala el marido: ellos eligen siempre las carteras parecidas a patas de ranas o a guardabarros de autos.

Consejo antimurphy: La cartera ideal es la que parece un cofre del tesoro o un suave almohadón de plumas, dos cosas indispensables en la vida de una princesa.

LAS 100 COSAS QUE HACEN QUE LA CARTERA DE UNA MUJER PESE TANTO

- Billetera.
- Monedero.
- Espejito.
- Estuche de maquillaje compacto.
- Llaveros varios.
- Celular y cargador.
- Anteojos (sueltos).
- Estuche de anteojos.
- Cepillo.
- Ganchos para el pelo.
- Cuatro lápices labiales.
- Cigarrillos, encendedor y fósforos, por si el encendedor se queda sin gas.
- El iPod.
- Cinco lapiceras, por si la mitad no sirven.
- La agenda telefónica nueva.
- La agenda vieja por si la nueva no tiene algún número.
- Hilo y aguja.
- Recibos sin vencer, por si pasa por donde pueda pagarlas o si por fin puede asociarse al videoclub.
- Un botón del saco de la hija, por si pasa por una tienda que tenga otros tres iguales.
- Una muestra de la tela de las cortinas, por si consigue por ahí un color parecido.
- Sobrecitos de edulcorante.
- Sobrecito de mayonesa que le dieron en el restaurante.
- Una bolsita de té y una sopa de sobre, por si le tocan horas extras en la oficina.
- Cucharita de plástico, por si compra un yogur en el camino.
- Tijera, por si hay que cortar algo.
- Lima de uñas.
- Esmalte de uñas.
- Lápiz para cejas.
- Un sacapuntas de lápiz para cejas roto.
- Barrita de cereal, por si ataca el hambre.

- Aspirina.
- Ibuprofeno.
- Antiácido.
- Un cupón de descuento del 20 % de un gimnasio al que nunca tendrá tiempo de ir.
- Un preservativo de hace seis años, que lleva por cábala.
- Un gotero con las flores de Bach.
- Dos tampones manchados de lápiz labial.
- Cuatro relojes que no andan, para dejar de paso en la relojería.
- Tres rulos y un *spray* para el pelo (pequeño).
- Cepillo de dientes y dentífrico.
- Un rollito de papel higiénico, porque no todos los baños lo tienen.
- Desodorante para el cuerpo y perfume.
- Un paquete de medias pantalón de repuesto.
- Varios CD para el estéreo.
- Caramelos, por si viaja con un niño que se impacienta.
- La tarjeta de un plomero que nunca recuerda llamar.
- Unos informes mal doblados que tenía que revisar por el camino.
- El resultado de los análisis de sangre que le tenía que llevar al médico cuatro meses atrás.
- La novela que lleva leída por la mitad y otra más, por si se acaba la primera.
- Las llaves de la casa de sus padres.
- Tres pilas que no sabe si tienen carga o no.
- Un paquete de pastillas de menta.
- Dos chicles sin azúcar.
- Dos juegos de lentes de sol: los formales y los divertidos.
- El recibo del taller de costura, para retirar el bolso que se rompió de tanto peso.
- El libro, el celular y los lentes de su marido que le dice: "Tú que tienes cartera…¿me llevas estos libros, mi celular y mis anteojos de sol?".

TOTAL: MÁS DE 100 ARTÍCULOS

CAPÍTULO 3

Leyes femeninas **Murphy**
sobre los hombres

*Las mujeres podemos fingir orgasmos pero
los hombres pueden fingir relaciones enteras.*

SHARON STONE

*Los hombres, como las mujeres, se debaten entre vanidad
y confort. Aunque en los hombres, el confort siempre gana.*

MIGNON MCLAUGHLIN

1 LEYES DE MURPHY SOBRE LOS HOMBRES

- Si encuentras al hombre de tus sueños, al despertarte, desaparecerá.

- El amor de una mujer es permanente, mientras dura.

- El dinero no compra el amor, pero permite negociar con más ventaja.

- Nada mejora con la edad.

- Cuando comienzas a entender a tu marido, generalmente dejas de escucharlo.

- Cualquier pacto que hagas con tu marido para repartirse el trabajo de la casa hará que su parte sea aún más pequeña.

- El programa de la tele que quieres ver se emite a la misma hora que el que quiere ver tu marido.

- Cualquier cosa que pueda ir mal... irá mal justo en el momento en que tu marido llega a casa.

- Equivocarse es humano. Cargarle las culpas a tu esposo es todavía es más humano.

CUANDO PIENSO EN EL MUNDO QUE ME RODEA, TAN LLENO DE SILENCIO, INJUSTICIA, INDIFERENCIA, ME PREGUNTO... ¿PARA QUÉ ME HABRÉ CASADO?

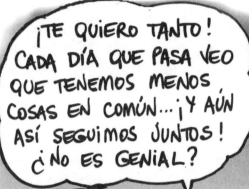

Un hombre...

...que comparte el correo electrónico con su mujer... → ...no tiene vida propia.

...que cultiva tomates en el balcón... → ...tiene miedo de quedarse sin trabajo.

...que habla todo el viaje con el taxista que lo lleva... → ...es un incomprendido grave.

...que no habla de sexo ni de mujeres con un amigo... → ...tiene una vida sexual intensa... con su esposa.

...al que le duele el cuerpo y lo atribuye a un mal movimiento en el partido de tenis... → ...es porque no asume sus 40.

...que fantasea con invitar a la recepcionista a una escapada de la montaña... → ...ya cumplió los 50.

...que dice que es mejor no meterse en líos... → ... cumplió los 60.

...que se deja el pelo largo... → ...quiere mostrar que aunque tenga canas, es rebelde.

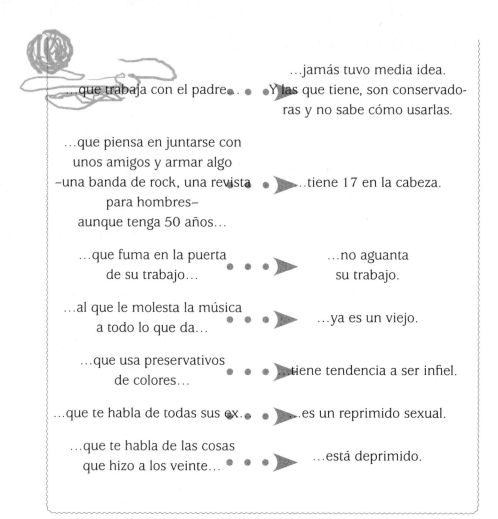

...que trabaja con el padre... → ...jamás tuvo media idea. Y las que tiene, son conservadoras y no sabe cómo usarlas.

...que piensa en juntarse con unos amigos y armar algo –una banda de rock, una revista para hombres– aunque tenga 50 años... → ...tiene 17 en la cabeza.

...que fuma en la puerta de su trabajo... → ...no aguanta su trabajo.

...al que le molesta la música a todo lo que da... → ...ya es un viejo.

...que usa preservativos de colores... → ...tiene tendencia a ser infiel.

...que te habla de todas sus ex... → ...es un reprimido sexual.

...que te habla de las cosas que hizo a los veinte... → ...está deprimido.

En suma:

- Hay tres clases de hombres: los muy guapos, los muy ricos y el que te toca a ti.
- Los hombres tontos no te convienen. Y a los muy inteligentes, no les convienes tú.

3 LEYES DE MURPHY DE LOS ANIVERSARIOS

1 Él siempre olvida en qué fecha cumplen aniversario.

2 Si te enteras de que se lo recordó su secretaria, es peor.

3 Si solo te lleva flores, es un miserable.

4 Si se olvida de traerte flores, ya no te quiere.

5 Si te invita a cenar, los harán esperar una hora para darles una mesa y esta quedará precisamente junto a los baños y no tendrá ni velas ni flores.

6 Cuando por fin los atiendan (si los atienden), lo hará el mesero más olvidadizo y lento.

7 Te irritarás con tu marido porque te trajo al peor restaurante de la ciudad (y al más caro).

8 Él dirá que no es cierto, porque en la mesa de la ventana está sentado un presentador del noticiero que sale en la tele.

9 Ninguno de los dos recordará el nombre del famoso presentador.

10 Tu marido te dirá que eso se debe a que te estás volviendo vieja.

11 Le dirás que el viejo es él y que el presentador está ahí porque le pagan con canje o lo invitan gratis, pero a ustedes no.

12 Devolverás el plato sin tocarlo y dirás que no quieres postre, por lo cual él suspenderá el pedido de champaña.

13 Odiarás haberte casado con ese hombre y maldecirás el día en que le diste tu teléfono.

14 Al llegar la cuenta, descubrirán que no se puede pagar con tarjeta de crédito y que deben raspar los bolsillos para llegar a pagar.

15 A todo esto, tu marido no sacó tema de conversación, no siguió los que tú sí sacaste y a cada cosa solo dijo "Ajá". Además, todavía no te ha dado ni un besito.

16 Al sacar el auto, chocarán con el auto de atrás, conducido por un grosero que no tiene seguro.

17 Al llegar a casa, la niñera te dirá que los niños no comieron porque en vez de ponerle vinagreta a la ensalada, ella la roció con caipiriña que había en la nevera.

18 Te enterarás de que un hijo rompió la mesa de vidrio al bailar sobre ella mientras la niñera hablaba por teléfono con su novio.

19 Por suerte, solo se rebanó un dedo del pie.

20 Nuevamente, raspas el fondo de tu cartera para pagarle a la niñera y te lleva una hora lograr que los chicos se laven los dientes y apaguen la luz. Luego llevas al herido al hospital, donde te dicen que no es nada, que le pongas una curita y lo metas a la cama.

21 Al fin acostada, tu marido intentará acercarse cariñoso y tú le dirás: "No me molestes, quiero dormir".

22 ¡Y ya no podrás dormir!

23 Al día siguiente le contarás tu experiencia de aniversario a una amiga que llorará de la risa al escuchar sobre tu desgraciada velada.

La salida romántica de Mamá Murphy

4 LEYES DE MURPHY DEL SEXO

- Si hace mucho que tus suegros no te visitan, ponte a hacer el amor. Medio minuto antes del clímax, ellos aparecerán.

- Cuanto más tiempo pases en el baño preparándote para tu marido, más probabilidades habrá de que, al salir, él esté roncando.

- Nunca te acuestes con alguien con más problemas que tú.

- Cuando él quiere, no tienes ganas y cuando tú sí quieres, él se queda dormido.

- Cuando un hombre dice que quiere dormir contigo, es una expresión literal.

- Entre una pizza grande y una gran revolcada, la mayoría de los hombres prefiere la pizza.

- No hay que ir a la cama peleados. Hay que quedarse discutiendo toda la noche.

- El que más ronca siempre se queda dormido antes.

5 COSAS QUE DEBES SABER PARA LIDIAR CON LOS HOMBRES

- El perfume más atractivo que puedes usar para seducir a un hombre es el de pizza de mozarela.

- Nunca le digas a tu esposo que ya terminaste con lo que tenías que hacer porque te pedirá que le traigas una cerveza.

- Si quieres comprarte algo nuevo, tu marido siempre te va a explicar por qué realmente no lo necesitas, cómo es de caro y cómo es de feo.

- Tu marido siempre sabrá cómo hacer algo mejor que tú después de que tú ya lo hayas hecho.

- No importa qué tan estricta sea tu dieta, esa semana tu marido querrá comer pasta.

- Él va a invitar a su jefe a cenar cuando más cansada estás.

- Cuanto más detestes su camiseta verde, él más va a usarla.

- Un hombre en silencio está planeando algo. Si ronca, es porque el plan resultó.

¡PORQUE NO QUIERES TRABAJAR, HE RENUNCIADO AL GIMNASIO, A COMER BIEN, Y AL VIDEOCLUB! ¡POR TI HE DEJADO DE COMPRARME ROPA, ZAPATOS Y CHAMPÚ!

¡MIRA QUE ERES INGRATA, MUJER! ¿NO VES QUE POR MÍ TAMBIEN HAS DEJADO DE FUMAR?

6 LEYES DE MURPHY PARA LA DIVORCIADA

- Es fácil conocer la opinión de un ex marido: tú dices la tuya y él se opondrá automáticamente.
- Para lograr que él haga lo que quieras, pídele lo opuesto.
- Un ex marido nunca tiene dinero para que les compres zapatos a tus hijos, porque lo necesita para comprarse la moto o la casa frente al mar.
- **La nueva mujer de tu ex siempre tiene diez años menos que tú.**
- Al divorciarte, querrá llevarse al perro que odiaba, solo porque sabe que tú lo quieres.
- Cada ex que acumules se comportará de idéntica manera.
- Hay tan poca diferencia entre un marido y otro que divorciarse solo les sirve a los abogados.
- Para tus hijos, papá siempre es mejor que tú porque se reserva un sábado al mes para llevarlos a McDonald's y al cine.

- Si se los lleva por más tiempo, regresan sucios, llenos de piojos y con uñas largas como garras, porque los hombres no les cortan las uñas a sus hijos.

- **Los hijos de divorciados siempre idealizan al padre, porque no está siempre, no los regaña y les da golosinas para el almuerzo.**

- Tu ex solo cuida hijos sanos: apenas uno de tus hijos se sienta mal, él te lo devolverá.

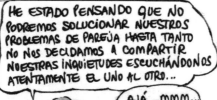

- Las casas sucias atraen a las suegras.

- Cuanto más criticona sea tu suegra, más sucia estará tu casa cuando ella llegue.

- Las suegras perfeccionistas hacen que se te queme la cena y se te vuelque la salsa encima.

- No imprta lo que hagas: tu suegra siempre lo hará mejor que tú.

- Nunca serás una buena nuera a menos que pidas disculpas por no hacer las cosas como tu suegra.

- Hay una sola manera correcta de hacer las cosas: al estilo de tu suegra.

- Cualquier cosa es una buena idea hasta que tu marido se la menciona a su madre.

- Cuanto más odies a tu suegra, más cosas suyas te regalará.

- Si tu suegra siempre protesta porque no la visitas, el día que la visites por sorpresa no se encontrará en casa o estará durmiendo.

- No importa cómo les devuelvas la invitación a tus suegros, perderás una pequeña fortuna en la devolución.

- No podrás recuperar el gasto bebiendo todo el vino de tus suegros sin arruinarte el hígado.
- No importa lo que suceda, tu suegra se lo tomará muy (demasiado) seriamente.

8 TIPOS DE SUEGRAS MURPHY

Dentro de lo insoportables que generalmente son las suegras, hay ciertos tipos de detalles que las separan en las siguientes categorías:

- **La competidora.** Siempre será mejor que tú. A veces conviene refregarle un poquito en las narices eso que tú sabes hacer tan bien y de lo que ella no tiene la menor idea. La hará callar durante treinta segundos.

- **La "amiga".** Es muy simpática, pero se te meterá en la casa y de allí solo la sacará una inundación o un incendio.

A la primera insinuación de que respete tu intimidad, llorará ofendida: "¿Cómo me puedes decir eso a mí, que los quiero tanto?". Hay que marcarle los límites pintando el piso con pintura fluorescente y hacerle entender que nunca podrá ser tu amiga, básicamente porque con ella no puedes criticar a tu marido.

- **La hipocondríaca.** Preguntarle: "¿Cómo estás?", implica una tarde libre para escuchar la respuesta, que incluye un vademécum de medicamentos y un listado de males que la humanidad no sabe todavía que existen, ni siquiera los autores de un manual de patología avanzada.

- **La esnob.** Se la pasa hablando sobre los logros de gente magnífica que solo ella conoce y que admira como si fueran estrellas de Hollywood.

- **La divorciada.** Es muy liberal y liberada, pero cuidado: al primer problema matrimonial de su hijo puede terminar aconsejándole que escape con alguien veinte años menor, como hizo ella.

- **La víctima.** Le fascina escuchar que le digan pobrecita, y su lema es: "Necesito compañía y siempre me dejan sola". Suele someter a hijos y nueras a tomar tés eternos, en los que suele quejarse porque los nietos hacen ruido, asustan al gato o no la quieren lo suficiente.

- **La bruja.** Se especializa en comentarios viperinos y piensa que cualquier otra mujer hubiera sido mejor esposa para su hijito que tú.

- **La enamorada.** Trata al marido como si fuera su novio, y a tu marido como si fuera su amante, y te hace quedar como la tercera en discordia mirando un idilio incestuoso que da asco.

- **La bella.** Cuando se haya gastado toda la plata en cremas de colágeno, se estirará tanto la cara que te hará parecer la suegra y a ella la nuera. La contra de esto es que el hijo suele estar más orgulloso de ella que de ti, y contra esto es imposible competir, porque el primer amor de todo hombre es su mamá.

- **La bestia.** Usa rulos y se pelea con los vecinos de al lado con gritos que hacen temblar las paredes. Impresentable, pero buena abuela.

- **La amiguera.** Es la que vive rodeada de amigas. Esto significa que siempre está acompañada y entretenida, y se las arregla sola. La contra es que sus cinco amigas equivalen a tener cinco suegras por precio de una. ¿Adivina de quién van a hablar cuando vayas al baño?

- **La sometida.** Como ella siempre fue la esclava del marido, pretende que tú seas igual con el tuyo. No soporta que pongas en evidencia su pusilanimidad mostrándote liberada y te tilda de vaga si no te pones a secar los platos mientras ella los lava y los hombres miran la tele.

- **La intelectual.** Está tan ocupada con sus actividades culturales y sus estudios que no se meterá en tu vida. Es más, no te dará ni la hora, lo que es bueno. Pero tampoco cuidará a los chicos ni por cinco minutos.

- **La falsa.** Esta es la peor de todas. Hablará maravillas de ti delante de terceros, pero te criticará secretamente con tu marido. Te sonreirá de oreja a oreja y te llenará de besos, abrazos y regalitos, pero te hará sentir incompetente con cada cosa que hagas o digas. Si reaccionas, es peor: te criticará sin pausa durante cinco años más.

9 SI LOS HOMBRES ORGANIZARAN LOS CASAMIENTOS

- Habría menos canciones románticas y más *rock and roll*.

- De la torta saldría una rubia en tanga.

- Usaría a su perro rottweiler de testigo.

- Nada de traje: un par de *jeans*, un buzo y un saco liviano.

- Si se decidiera por la corbata, esta tendría el escudo oficial de su club de fútbol.

- Pondría una pantalla gigante para pasar los mejores goles de su equipo desde que conoció a Julieta hasta hoy.

- Pondría colchones y *puffs* para que los amigotes tuvieran donde dormir la borrachera.

- Llegaría a la iglesia montando la Harley Davidson de un amigo.

- La ceremonia sería diez veces más corta y la luna de miel diez veces mas larga.

- Los recuerdos serían cigarros y las invitaciones tendrían el diseño de una entrada a un partido de fútbol.

- En vez de copas de champaña, habría latas de cerveza.

- En vez de un *buffet* habría pizza por metro y baldes de papas fritas.

- Diría: "La torta que la corte el mozo, que para eso le pago".
- Pondría a un amigo que haga de novio para bailar el vals.
- Haría que la novia saludara sola, total nadie le dice al novio "lo lindo que está".
- Impondría el ritual en el que todas las amigas de la novia se desnudan antes de medianoche.
- No gastaría nada en el casamiento, gastaría todo en la despedida de soltero.
- No haría listas de casamiento en ningún comercio: "Que cada uno regale lo que quiera".
- Echaría a patadas a los fotógrafos profesionales. Total, si la fiesta es inolvidable, nadie necesita fotos para recordarla.
- Mientras nadie se caiga, nada se incendie y la novia no llore, "todo está saliendo bien".
- Si logra emborracharse hasta olvidarse de todo, habrá sido un éxito.

LOS PROYECTOS UNEN A LA PAREJA

© ANA von REBEUR

10 COSAS ANTIMURPHY QUE HACEN SONREÍR A LA RECIÉN CASADA

1   Descubrir que la ex novia de tu marido es en verdad espantosa.

2   Saber que tu marido tiene ahorros que no conocías.

3   Comprobar que el tío que creías que se había olvidado del regalo de bodas acaba de preguntarte cuándo quieres que te envíen a tu casa el *home theatre* que te compró.

4   Enterarte de que un ex novio está indignado de que te hayas casado.

5   Saber que tu mejor amiga está enamorándose del adorable primo soltero de tu marido, y que el amor es mutuo.

6   Darte cuenta de que a tu maridito le encanta llevarte el desayuno a la cama todos los días.

7   Ver que el video del casamiento salió tan lindo que se lo puedes mostrar a cualquiera sin que se aburra.

TEST 1: ¿CÓMO SABER SI EL TUYO ES UN MARIDO MURPHY PROFESIONAL?

1 ¿Se va a la cama esperando levantarse de mal humor? ❑

2 ¿Le parece que a la mañana no funciona… y en la noche tampoco? ❑

3 ¿Todos los días te despierta diciendo: "Este no es mi día"? ❑

4 ¿Finge quedarse dormido para no tener que hablarte? ❑

5 ¿Finge ser medio sordo para no tener que contestarle a nadie? ❑

6 ¿Usa gruñidos en lugar de palabras? ❑

7 ¿Se impacienta si no interpretas el sentido profundo de sus gruñidos? ❑

8 ¿Le grita al despertador cada vez que suena? ❑

9 ¿Si algo se le cae al piso, lo patea con rabia? ❑

10 ¿Cuando una puerta no cierra, también la patea con furia? ❑

11 ¿Le gusta que la gente lo rechace, así no tiene que aguantarlos? ❑

12 ¿Lo mejor que le puede pasar es encontrar la oportunidad de decir "te lo dije"? ❑

13 ¿Le gustan los atolladeros de tránsito porque puede insultar a discreción? ❑

14 ¿Siempre está enfadado porque está llegando tarde? ❑

15 ¿Los políticos son para él todos corruptos, el clima es ☐
horrible y este país es un desastre?

16 ¿Se pelea a los gritos con el conductor de un programa ☐
de radio y con el hombre del tiempo de la tele, como
si lo escucharan?

17 ¿No le gustan las fiestas porque hay gente que ensucia ☐
todo?

18 ¿Le parece que toda la gente es estúpida y que todos ☐
hacen todo mal para molestarlo?

SI CONTESTAS QUE SÍ A TODO, TU MARIDO ES PERFECTA-
MENTE NORMAL.

SI CONTESTAS QUE NO A TODO, ADEMÁS DE MARIDO
MURPHY TU MARIDO ES NEGADOR.

12 CÓMO SABER SI UN HOMBRE ES CASI PERFECTO (EN CONTRA DE TODO PRONÓSTICO DE MURPHY)

- Cuando dices: "Cómo me gustaría tomar un café", ¡él te lo trae!
- Te dice que estás bella cuando sabes que estás hecha un desastre.
- Cocina, limpia y ordena por ti.
- Va a la reunión con la maestra y lleva a tus hijos al pediatra.
- Repara la lámpara que tienes rota hace seis meses... sin que se lo pidas.
- De tanto en tanto te dice: "Estás más linda sin maquillaje".
- En tu cumpleaños te lleva a comer afuera... ¡y te dice que pidas lo que quieras!
- Adora planchar y lo hace bien.
  - Le encanta masajearte la espalda y no pide nada a cambio.

  - Un día, sorpresivamente, decide levantar la ropa apilada en una silla y guardarla.
    - A la salida del trabajo, compra cuatro kilos de milanesa de pollo para congelar.
    - Te regala un gato de angora o un poodle miniatura... ¡y se lo lleva a su madre cuando a ti te comienza a molestar!

RETRATO DE LA MAMÁ PROFESIONAL

IDEA FIJA:
"¿QUÉ COCINO HOY?"

CORTE DE PELO
DE CERO MANTENIMIENTO

BRILLO EN LA MIRADA PORQUE
YA CASI ES VIERNES

SONRISA AMPLIA PORQUE
AYER BAJÓ UN KILO

BIJOUTERIE DISCRETA
QUE COMBINA CON TODO

ESTÓMAGO DIGIRIENDO
EL YOGUR DESCREMADO
DE MEDIA TARDE

TELÉFONO CELULAR CON LOS NÚMEROS
DE TODAS LAS AMIGAS Y PRIMAS QUE PUEDEN
CUIDAR A LOS CHICOS EN UNA EMERGENCIA

MÚSCULOS OBTENIDOS
ALZANDO BEBÉS,
CARGANDO BOLSAS Y
EMPUJANDO TRICICLOS

RELOJ ADELANTADO
DIEZ MINUTOS PARA
NO LLEGAR TARDE AL TRABAJO

MANO CURVADA
EN FORMA DE MOUSE

CHOCOLATE PARA EL HIJO
QUE HAYA HECHO LOS DEBERES

COSMÉTICOS PARA PINTARTE
EN EL ASCENSOR

PANTALONES QUE
NO SE ARRUGAN

BOLSA PARA PASAR
POR EL SÚPER
VOLVIENDO A CASA

MEDIAS CORRIDAS,
PERO POR EL MUSLO

CARPETA DE TRABAJO...
CON DIBUJOS DE LOS NIÑOS
Y BOLETÍN DE CALIFICACIONES

SUELAS DE GOMA
PARA CORRER EL TREN

Leyes de **Murphy** en el trabajo

Nadie sabe de lo que es capaz hasta que lo intenta.
CHARLES DICKENS

*La diferencia entre ficción y realidad
es que la ficción tiene que tener sentido.*
TOM CLANCY

Nunca fracasé. Solo encontré 10 000 modos de que no funcione.
THOMAS EDISON

1 LEYES DE MURPHY QUE DESCUBRES EN LA OFICINA

- Los buenos puestos de trabajo ya están ocupados.
- Si lo archivas, no sabrás dónde está… pero nunca te hará falta.
- Si no lo archivas, lo necesitarás… pero nunca sabrás dónde se encuentra.
- Si hay un documento confidencial, alguien lo dejará olvidado en la fotocopiadora.
- Todo va mejor cuando el gerente no está en la oficina.
- En cualquier empresa hay dos tipos de personas: los que comprenden pero no hacen y los que hacen pero no comprenden.
- Más vale no opinar, no tener razón y no hacer las cosas: la gente muy eficiente pone nerviosos a los demás.
- No importan las mejoras increíbles que hayas hecho en la empresa, los ingresos serán siempre los mismos.
- La parte más importante del proyecto siempre será omitida, porque todos creían que otra persona se haría cargo de ella.

- Nadie comunica nada por temor a comunicarlo incorrectamente, lo que a su vez produce tremendos errores de incomunicación.

- Si todos son informados para comunicarlo apropiadamente, nadie comunica nada por temor a pasarle por encima al que sí debe comunicarlo.

- También está el que no comunica nada para guardarse información: piensa que así tiene más poder.

- Nadie hace lo que realmente hay que hacer para no generar competencia entre colegas, no despertar celos y no ser criticado por los jefes.

- Los pasantes se quedan y los de planta fija vuelan.

- La cantidad de éxito es inversamente proporcional al esfuerzo empleado en obtenerlo.

- **Nunca seas la primera, ni la última.**

- **Nunca digas nada que no se deba distribuir por el correo electrónico a toda la oficina.**

Nunca hables mal de tu jefe en el baño de damas: no sabes quién está detrás de la puerta de cada compartimiento de inodoro.

- Le encontramos solución fácil a los problemas que menos nos importan.

- Los problemas duran más, cuantas más reuniones para tratarlos se realicen.

- La gente se especializa siempre en el campo que menos conoce.

- La última persona que despidieron de la empresa será la que tenga la culpa de que todo vaya mal... hasta que despidan a otra.

- Puede que tengas ganas de volver a casa, pero luego no siempre te apetecerá quedarte.

- Si buscas una carpeta en un archivador, siempre será la que está en último lugar.

- Cuando preguntes quién ha hecho una cosa, esa persona estará de vacaciones.

- En toda organización, cualquier persona suele ascender hasta el nivel en que se evidencia su incompetencia.

- No importa cuantas veces se haya demostrado que una mentira es falsa; siempre habrá un porcentaje de gente dispuesta a creérsela.

- Dos cabezas no son mejor que una si las dos son estúpidas.

- Siempre que te prepares para hacer alguna cosa con tiempo, algo surgirá que deba ser hecho antes.

- Ese encargo importante que te pidieron en el trabajo siempre coincide con un par de hijos enfermos y reuniones de padres en el colegio.

- En el trabajo no puedes ganar, no puedes empatar y tampoco puedes renunciar.

Consejos antimurphy:
- Cuando no sepas qué hacer, camina rápido con cara de preocupación, llevando un papel en la mano.
- Si todo lo demás falla, escóndete en el baño.

2 EN LA REUNIÓN DE TRABAJO

- Nunca llegues a tiempo, o te creerán principiante.
- Si llegas puntualmente, suspenderán la reunión de trabajo.
- Si te esfuerzas demasiado por llegar a tiempo, tendrás que esperar.
- No digas nada hasta que esté por terminar la reunión, y te creerán sabia.
- Sé tan imprecisa y vaga como sea posible, y no irritarás a nadie.
- De vez en cuando, sugiere dar la reunión por terminada, ¡y todos te amarán!
- Cuanto menos te guste participar en comités, más probable es que insistan en que tu presencia es indispensable.
- No discutas nunca con un tonto: puede que la gente no aprecie la diferencia.
- El que más grita, tiene la palabra.
- Todos los que más se oponen a formar parte de un comité, son elegidos presidentes.

3 LEYES DE MURPHY DE LA URGENCIA LABORAL

- Los encargos urgentísimos, pero muy bien pagados, solo llegan cuando has aceptado un encargo urgentísimo, pero mal pagado.

- Tendrás que entregar el mismo día todos los trabajos urgentísimos.

- El trabajo urgentísimo para el que pasaste toda la noche trabajando sin dormir, no será necesario hasta el mes próximo.

- No hay mejor momento que el presente para que retrases lo que no quieres hacer.

- Hagas lo que hagas, nunca será suficiente.

- Lo que no hagas siempre será más importante que lo que hagas.

- Cuanto más complicado y grandioso sea un plan, mayores serán las posibilidades de que se vaya al diablo.

- A nadie le importa mucho si haces o no haces las cosas.

- Los trabajos más simples siempre se dejan para después, porque ya habrá tiempo de hacerlos.

- Postergar todo evita el aburrimiento de no tener nada que hacer.

¡QUÉ BUENO! ¡UN AVISO QUE OFRECE UN EMPLEO JUSTO PARA MÍ! ¡ME NECESITAN!

¡NO HE ESTUDIADO EN VANO! ¡TENGO EXPERIENCIA Y DON DE MANDO! ¡ESTA ES LA ÚLTIMA OPORTUNIDAD DE MI VIDA!

... AUNQUE ANTES DEBERÍA CONTRATAR A UNA ASISTENTA DE TIEMPO COMPLETO, TAL VEZ CON CAMA ADENTRO, POR LOS NIÑOS...

... Y ARMARLE UN CUARTO DE SERVICIO, PERO PARA ESO DEBO QUITAR LOS TRASTOS, LIMPIAR TODO Y PINTARLO...

... DEBO REDACTAR MI CURRÍCULUM, COMPRARME ROPA NUEVA, IR A LA PELUQUERÍA PARA LA ENTREVISTA, COCINAR PARA EL FREEZER...

¡QUÉ SUERTE LA, MÍA! ¡SUPERO LA EDAD MÁXIMA REQUERIDA Y NO ME ACEPTARÁN PARA EL CARGO!

© ANA VON REBEUR

4 EXCUSAS ESTILO MURPHY PARA TENER EN CUENTA

1 Siempre se hizo así.

2 No sabía que lo necesitara con urgencia.

3 Nadie me dijo que lo hiciera.

4 Estaba esperando su permiso.

5 ¿Cómo iba a saber que esto era diferente?

6 Este es su trabajo, no el mío.

7 Espere hasta que vuelva el jefe y pregúntele.

8 No cometimos "tantos" errores.

9 No creí que fuera tan importante.

10 Estoy tan ocupada que no he podido dedicarle ni un minuto.

11 Creía que ya se lo había dicho.

12 No me contrataron para hacer esto.

13 No es mi área.

5 PARA LIDIAR CON TU JEFE

- Si le dices al jefe que llegaste tarde porque se te pinchó una llanta, a la mañana siguiente en efecto encontrarás la llanta pinchada.

- Si no lograste acabar un trabajo, destruye toda evidencia de que lo hayas intentado y dile que nunca te lo encargó.

- Por más que tu jefe adore a los bebés, él no adora que una madre tenga que salir antes a atender a sus bebés.

- Aunque tu jefe aprecie tu opinión, jamás apreciará que le digas cómo lo harías tú.

- Cualquier jefe despedirá a un empleado que siempre tenga razón.

- El jefe nunca piensa como tú crees que está pensando, pero preguntarle qué piensa queda mal.

- Los jefes son siempre los que menos hacen.

- Cuando todo falle, intenta lo que sugirió el jefe.

- El jefe madruga pocas veces al año: solo cuando tú llegas tarde.

- La peor idea siempre viene de la persona con el rango más alto.

SÉ QUE NUESTRA EMPRESA PRIORIZA LOS VALORES HUMANOS Y ES SENSIBLE A LOS REQUERIMIENTOS PARTICULARES, JEFE, POR LO CUAL SUPE QUE USTED NO QUERRÍA QUE HOY YO DEJE A MI BEBÉ CON UNA VECINA DESCONOCIDA...

- Cualquier cosa que uses a su máximo potencial, se partirá al medio.
- Todas las partes que puedan ensamblarse en orden incorrecto, así se harán.
- Si rompes una taza de café en la oficina, nunca es la que ya estaba cuarteada.
- Cualquier problema técnico se resuelve con el suficiente tiempo y dinero. Pero nunca te dan suficiente tiempo y dinero.
- Siempre te sobra lo que menos necesitas.
- La cinta adhesiva transparente solo tiene los extremos a la vista el día de su estreno.
- La grapadora que está en tu escritorio es la que no funciona. Si funciona, no tiene ganchos.
- El corrector que está a la mano siempre está seco.
- La tijera está en el escritorio de quien más insistió en que no la tenía.
- Una impresora no funciona si no la miras.
- El fax funciona solo si empujas el papel.
- Las máquinas de la oficina, que funcionan perfectamente en las horas normales de trabajo, se descompondrán en cuanto vayas a utilizarlas por para asuntos personales.
- **Las máquinas rotas funcionarán perfectamente cuando llegue el técnico para repararlas.**

- El sistema se cae cuando tenías que enviar un correo electrónico urgente.

- Nadie cree ese burdo pretexto de que el sistema se cayó.

- Los errores aparecerán en la carta cuando el jefe la esté leyendo.

- Los papeles vitales demostrarán su vitalidad moviéndose espontáneamente desde el sitio en que los dejaste hasta donde no se puedan encontrar.

7 CONSEJOS PARA SOBREVIVIR CUANDO ERES LA QUE MANDA

- No dejes que tus empleados te hagan a ti lo que tú le hiciste a tu jefe anterior.

- Recuerda que los métodos para conseguir más fácilmente el objetivo no suelen funcionar.

- Da siempre verbalmente todas las órdenes, que no queden pruebas escritas.

- No te preocupes por un problema salvo que no puedas posponerlo.

- Cuando en tu área la cosa se ponga difícil, pide un ascenso.

- Suceda lo que suceda, compórtate como si hubieras querido que eso sucediera.

- Ante todo, el distribuidor siempre tiene la culpa. Si tu compañía es la que distribuye, vuelve a los consejos anteriores.

- La eficacia de una conversación telefónica es inversamente proporcional al tiempo dedicado en ella.

¿DE QUÉ ME SIRVE UN AUMENTO EN EL TRABAJO SI ME DICEN QUE LA COMIDA ESTÁ FEA?

- Haz que cualquier reunión dure una hora y media, sin importar lo estrecha que esté la agenda, lo mucho que haya que decir o lo poco que haya que resolver.
- Hasta los jefes más paranoicos tienen enemigos.
- Muchos llegaron donde están por cosas que hoy jamás se atreverían a hacer.
- La gente se vuelve progresivamente incompetente para empleos que antes podía manejar.
- Un gramo de imagen vale más que un kilo de desempeño.
- Hacerlo de la manera difícil es más fácil.
- Una buena jefa toma decisiones sin datos suficientes.
- Recuerda disimular el asombro cuando algo salga bien al primer intento.

Deximosexta Ley de Murphy
Si dejas las cosas lo más claras posibles, la gente seguro quedará confundida

8 LEYES MURPHY DE LA MUJER EN VIAJE DE NEGOCIOS

Eres una mujer profesional y estás en un viaje de negocios. Por fin saliste de casa y piensas pasar unos días relajándote lejos de las tareas domésticas y las exigencias de tu familia, amigos o novio (o todos) mientras cierras algunos acuerdos. Llegas al aeropuerto de tu lugar de destino y no hay taxis. Cuando consigues uno, el chofer no conoce el Hotel Emperador. Te cambias de taxi, pero el taxista anterior te cobra de todas formas. El taxista que lo conoce, te pasea por toda la ciudad hasta dar con él. Al entrar, debes hacer una fila de cuarenta minutos en la recepción, donde te dicen que no hay habitaciones disponibles: el empleado perdió tu reserva y olvidaste el comprobante. Después de mucho papeleo y consultas con el jefe, te ofrecen una habitación impregnada de olor a cigarrillo y con una pared enmohecida, que seguramente usan como depósito. Es en el piso trece y el ascensor no funciona. Después de subir por las escaleras, la llave no funciona y no puedes oír lo que dice el botones porque el vecino tiene la tele a todo volumen. Cuando al fin puedes entrar, la luz no funciona del todo, pero estás tan cansada que no te importa estar a media luz. Después de una eternidad, el botones trae tu valija rota, sin manija, y la ropa se desparrama por el pasillo. Como no le das propina, él se encarga de dejar la persiana completamente abierta y desbaratada, con vista al depósito de la basura. Decides bajar a comer y el restaurante está cerrando. No hay servicio a la habitación. Muerta de hambre, decides ver tele, pero el televisor no funciona. Nadie atiende en la recepción, pero no te das por vencida y dejas que el teléfono timbre sin parar. Finalmente alguien contesta y manda a otro empleado a reparar la tele: se ven tres canales, dos con nieve. La conexión a Internet no funciona. Cuando vuelve el sistema, tu cable no alcanza y terminas con el portátil en el baño. Decides irte a dormir pero llueve sin parar y hay goteras sobre tu cama. Corres la cama y las goteras la siguen. Bajas a quejarte y al volver ves que te robaron los documentos, el celular, el portátil y la billetera que habías dejado en la habitación. Te quejas y te culpan por no haber usado la caja de seguridad. La mucama se ofende por tu acusación y en venganza no te repone el papel higiénico, las toallas ni el jabón. El recepcionista olvida despertarte a la mañana y llegas tarde a la reunión de trabajo, donde rechazan todas tus propuestas porque tenías todos los informes en tu computadora e intentaste exponerlos de memoria mientras te caías de sueño. Sabes que si pudieras quedarte un par de días más, el negocio cerraría, pero para esto tendrías que cambiar de hotel y sería un fastidio.

Decides irte. Al hacer el *check-out* del hotel te dicen que no te devuelven el depósito porque debes pagar el control remoto de la tele que supuestamente has descompuesto. Dicen que rompiste la persiana y que debes pagarla también. Además te agregan un recargo diario por estar en temporada alta y dicen que consumiste cosas del minibar, que desaparecieron mientras estabas en la reunión. El recepcionista olvida pedirte un taxi, por lo cual pierdes el vuelo de vuelta a casa. En el aeropuerto te enteras de que no hay vuelos sino hasta el día siguiente, a las siete de la mañana. Te queda todo un día vacío en una ciudad horrible. En la oficina de informes te dicen que el único hotel que puede darte una habitación a estas horas es el Hotel Emperador.

CAPÍTULO 5

Cuando necesitas vacaciones que no sean **Murphy**

Todos quieren ir a la Naturaleza, pero no a pie.

PETRA FUCHS

Hay dos posibilidades: hacer una cosa o la otra.
Mi honesta opinión y consejo de amigo es: lo hagas o no,
te arrepentirás de ambas cosas.

SOREN KIERKEGAARD

Amo las largas caminatas, especialmente si son tomadas
por personas que me molestan.

FRED ALLEN

1 LEYES DE MURPHY DEL EQUIPAJE

- No importa cómo empaques, la maleta siempre será demasiado pequeña.

- No importa qué tan pequeña sea, siempre será demasiado pesada.

- No importa qué tan pesada sea, nunca tendrá lo que necesitas.

- No importa lo que necesites primero, siempre estará en el fondo.

- La maleta ideal es la que lleva la mitad de lo que pensabas llevar.

- Aunque compres *souvenirs* miniatura, te cobrarán exceso de equipaje.

- Cuando eres la primera persona en salir del avión, tu maleta es la última en salir de la bodega.

- La maleta que se pierde es la que está llena de encargos, regalos y cosas caras. La que aparece es la que está llena de ropa vieja y sucia.

¡...EN MOMENTOS ASÍ, QUISIERA ESTAR CASADA!...

- Si compras una maleta roja y le pegas un insólito moño verde para distinguirla, otra persona también compró una roja y le puso un moño verde igual al tuyo.
- Si te ubicas junto a cualquier cinta transportadora de equipaje, tu equipaje vendrá por otra.

2 COSAS PARA TENER EN CUENTA PARA ESE FIN DE SEMANA EN EL CAMPO

- En las vacaciones, todos descansan menos la madre.
- Cocinar en casa alquilada toma el doble de tiemo porque es imposible encontrar el colador y la sartén.
- Como todos están de vacaciones, nadie lava los platos.
- Hay que guisar el doble, porque todos tienen más hambre.
- En cualquier lugar al que vayas hay más moscas que en la ciudad.
- Considérate afortunada si funciona la nevera y hay gas en la estufa.
- Si la casa no está helada, es un horno.
- Si el clima es precioso, sucederá algo que lo arruinará.
- Al segundo día feliz, se tapará el inodoro y no encontrarás quien pueda repararlo, ni al propietario de la casa, ni otra casa adonde mudarte.

3 LEYES DE MURPHY DE LA VIAJERA QUE LLEGA EN AVIÓN

- La mejor manera de lograr que un vuelo salga con puntualidad perfecta es llegar tarde al aeropuerto.
- Cuando llegas tarde al aeropuerto, la puerta de salida va a ser la última del pasillo.
- En ningún aeropuerto del mundo hay Puerta 1 ni Terminal 1.
- Cuando tienes que hacer un trasbordo, si el avión en el que vas lleva retraso, el otro no lo lleva.
- El avión entrará en zona de turbulencia cuando la azafata te entregue el café.
- El carro de comida se queda sin bandejas cuando te toca el turno a ti.
- El movimiento del avión es directamente proporcional a tu temor a volar.
- Cuando están por pasarte a primera clase porque en turista ya no hay lugar, aparecen dos asientos sobrantes en clase turista.
- Si te dan un asiento en el medio, tus compañeros de fila serán las dos personas más gordas del avión.
- Solo los pasajeros sentados junto a la ventanilla del avión van constantemente al baño.
- Si te encanta mirar las nubes por la ventana, te sentarás con alguien que odia el resplandor del cielo en la cara.

- En el 99 % de los vuelos proyectan la película que viste poco antes de realizar el vuelo.
- El único chico que llora sin parar está sentado delante o detrás de ti.
- El pasajero más atractivo siempre estará sentado en la otra punta del avión.
- Sea lo que sea que te sirvan, todo sabe ligeramente a pollo frío.
- Para que haya comida caliente en el avión, hay que esperar a que este se incendie.

- Cuando los hombres conducen solo se detienen para cargar combustible.

- Si hay muchas cosas para ver en el camino, en lugar de alegrarse, protestan, porque al parar los camiones que han dejado atrás los pasarán nuevamente.

- No quiere parar en los puntos panorámicos, porque hay demasiados autos estacionados.

- Se quejan de que no les leas los mapas, pero si se los lees no te hacen caso y siguen de largo.

- Se queja de que no le converses cuando conduce, y si le conversas dice que no lo distraigas.

- No quiere escuchar visitas guiadas, para eso te envía a ti y luego se enfada porque te demoraste mucho.

- Pasa la mitad del día durmiendo siestas y la otra mitad refunfuñando porque se ha hecho tarde para salir.

- Cualquier hotel elegido por tu marido será más incómodo que el auto.

- Les importa más dónde dormirá el auto que dónde dormirás tú.

- **La mejor manera de viajar con un hombre sin discutir es meterlo a él en el baúl del auto.**

5 POR QUÉ ES MEJOR QUEDARSE EN CASA QUE SALIR DE VACACIONES

- En la playa hay viento y se te vuela el periódico.
- El bloqueador solar 50 te queda corto y quedas roja como un tomate.
- El bloqueador mezclado con la arena se convierte en un abrasivo que te hace arder la piel.
- Lejos del mar, la arena quema. Cerca del mar, la marea sube y te empapa todo.
- Nunca logras ajustar la sombrilla de una manera que te dé sombra constante.
- El calor te achicharra.
- Los vendedores ambulantes no te dejan en paz.
- Tu marido se la pasa mirando a las mujeres en microbiquini.
- Los jóvenes de al lado juegan a la pelota y te usan a ti como uno de los palos del arco.
- Ves a una madre joven enterrando pañales sucios en la arena.

¡LLEGARON LAS VACACIONES! ¡POR FIN PODRÉ DESCANSAR!

- Siempre hay alguien que sacude la arena de su lona sobre ti.

- A tu lado hay un bebé que no para de llorar y un joven con la radio a todo volumen.

- Tu hija sintió frío y usó todas las toallas. Tu hijo quiso traer de todo y quiere irse sin llevar nada. Tu marido decide correr cuatro kilómetros y vuelve esguinzado alegando que tendrás que cargar todo tú sola.

- Vayas donde vayas siempre hay moscas, hormigas o tábanos.

- Basta con que hayas planeado por primera vez cuidadosamente tus vacaciones y tengas el hotel reservado... para que tus hijos se enfermen el día de la partida.

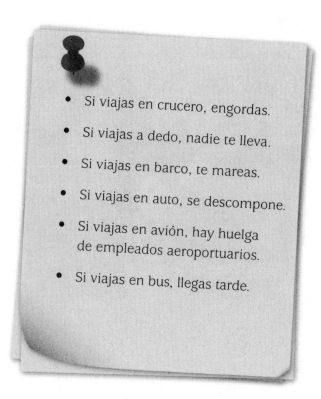

- Si viajas en crucero, engordas.

- Si viajas a dedo, nadie te lleva.

- Si viajas en barco, te mareas.

- Si viajas en auto, se descompone.

- Si viajas en avión, hay huelga de empleados aeroportuarios.

- Si viajas en bus, llegas tarde.

CAPÍTULO 6

Leyes de **Murphy**
de las fiestas de fin de año

*Cuando hemos renunciado a ser dichosos
y nos contentamos en ver dichosos a los que nos rodean,
es quizá cuando empezamos a serlo.*

JACINTO BENAVENTE

*La Biblia nos dice que amemos a los vecinos y que amemos
al enemigo, porque probablemente sean la misma gente.*

G.K. CHESTERTON

La felicidad en la gente inteligente es la cosa más rara que conozco.

ERNEST HEMINGWAY

☆ LA NAVIDAD DE MAMÁ MURPHY ☆

SIENTES QUE CADA NAVIDAD LLEGA ANTES

DEBES COMPRAR TODOS LOS ADORNOS OTRA VEZ

SI NO LE COMPRAS A TU HIJO LO QUE PROMOCIONAN EN LA TELE, TE SIENTES MALA

TE PREGUNTAS SI YA ES MOMENTO DE DECIRLE A TUS HIJOS LA VERDAD

SE TE OCURREN MIL REGALOS PARA MUJERES Y NINGUNO PARA HOMBRES

TU SUEGRA TE PREGUNTA QUÉ COMIDA LLEVA, PERO SIEMPRE LO DECIDE ELLA

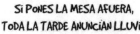

SI PONES LA MESA AFUERA, TODA LA TARDE ANUNCIAN LLUVIA

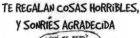

TE REGALAN COSAS HORRIBLES, Y SONRÍES AGRADECIDA

1 COSAS QUE SE REPITEN CADA NAVIDAD

- Debes colgar un adornito en la puerta que sea menos horrible que el que puso el vecino.

- Entras a una juguetería tentada por el precio del juguete, y resulta que es el valor de cada una de las veinte cuotas.

- El 24 de diciembre, a las siete de la noche, todavía estás comprando regalos para los tíos.

- No hay manera de envolver una pelota sin que sea obvio que es una pelota.

- En el último segundo te falta papel de regalo para envolver cinco cosas y no sabes de dónde sacarlo, así que empiezas a planchar papeles del año pasado.

- A las ocho de la noche llegan dos invitados "sorpresa", para los que no tienes regalo.

- A último momento te olvidaste del regalo de tu cuñada y le envuelves algo que tenías colgado en la pared... y ella se da cuenta.

- Tu sobrina viene con un novio antipático, y todos dicen: "No es antipático, es que es tímido".

- Si ponen música fuerte, nadie baila. Y si la bajan, se quejan porque no hay música.

- Siempre hay alguien que dice que suban la música y alguien que pide que la bajen. Los dos te lo piden a ti y entre sí no se hablan.

- Siempre hay dos niños pequeños que se pelean por sus respectivos regalos nuevos.

- Aunque creíste que nada faltaba en la mesa y que ya te puedes sentar tranquila, siempre hay alguien que te pide otra espátula, otro cucharón, más servilletas, más mayonesa, más hielo, ceniceros o una aspirina.

- Tu suegra elige una silla que ya estaba algo rota y se cae al piso ocasionando un gran estrépito.

- Tu suegra se queja de que no pusiste en buen lugar su pavo relleno, que lo cortaste mal y que lo serviste peor. Y debes disculparla, porque está mal por la caída.

- **Alguna tía nos arruina la noche comentando algo sobre los pobres perritos callejeros aterrados por los fuegos artificiales.**

- Arruinas un mantel precioso porque se le derriten las velas encima.

- Siempre hay una tía abuela que toma de más y dice cosas que no debería.

- El pan dulce más rico no dura ni dos minutos, el otro sobra hasta el año siguiente.

- Si quedó una cáscara de nuez en un pan dulce y alguien la muerde, esa eres tú.

- Que suceda eso es bueno, porque al menos pasa algo para comentar.

- Siempre termina la misma tía lavando todos los platos.

- Pasas dos días comiendo los restos de la cena de Nochebuena y un mes lamentando los cuatro kilos de más que te trajo el Niño Dios.

> **Consejo antimurphy:** Lo más importante no son los regalos, ni como fueron envueltos. Lo más importante del regalo es que hayas conservado el recibo.

2 CÓMO SABER QUE PAPÁ NOEL TE ODIA

- Tus hijos reciben cartas de Papá Noel que dicen: "Sigue participando".

- Los regalos llegan con un cartel que dice: "El envío será pagado por el destinatario".

- El 25 de diciembre, todos los vecinos dejan en la calle gigantescas cajas de cartón de objetos electrónicos y juguetes de última generación. Tu basura postnavidad se limita a media bolsita del supermercado con huesitos de pollo.

- Todos los regalos de tus hijos tienen explicaciones en chino mal traducido como: "Usar con mucho inteligente cabeza, abrir con cuidado, cerraron por atrás".

- Todos los regalos de tus hijos funcionan con pilas de tres tamaños distintos, y no tienes una sola en toda la casa.

- Recibes de regalo un minúsculo biquini blanco que habías pedido para Navidad hace seis años y diez kilos atrás.

TE JURO QUE CUANDO ME PROMETISTE UN ANILLO DE NAVIDAD, PENSÉ EN OTRA COSA...

- El perro nunca sale de su cama, pero cuando ve a alguien vestido de rojo, sale ladrando furioso.

- Tu marido engorda como para parecerse a Papá Noel.

Tipos de mujeres **Murphy**

Si una chica se ve fabulosa cuando llega a una cita contigo…
¿a quién le importa que haya llegado tarde? A nadie.

J.D. SALINGER, EL GUARDIÁN ENTRE EL CENTENO

El éxito consiste en ir de fracaso en fracaso sin perder el entusiasmo.

WINSTON CHURCHILL

Cuando tengo que elegir entre dos males, elijo el que no experimenté antes.

MAE WEST

1 CÓMO SABER SI ERES UNA MUJER MURPHY PEREZOSA

Lo eres si tienes la costumbre de…

- Pedir el desayuno a la cama y no tomarlo hasta una hora después de que te lo hayan traído (el café, en termo, claro).
- Dormir la siesta bien arropada en un día de lluvia.
- Ver campeonatos de patinaje en el hielo mientras dormitas en un sofá.
- Ver películas de terror comiendo chocolates y bebiendo Baileys.
- Meterte en la cama recién tendida por tu marido.
- Faltar al trabajo y decir que no vas a la oficina por un terrible dolor de "perinfolio sublateral derecho".

2 CÓMO SABER SI ERES UNA MUJER MURPHY HIPERACTIVA

Si te regalan un día de *spa* para el día de la madre en realidad no dejas de pensar en los planes de la semana, del mes, del año, y se te ocurren cosas como:

- Animar la fiesta de cumpleaños de tu hijo vestida de payaso.
- Buscar una vecina a la que también le guste jugar al tenis.
- Tener un perro grande al que puedas pasear mientras trotas.
- Pintar sola toda la sala y contárselo a todo el mundo.
- Hacer el Camino del Inca con tu hija y dos amiguitas de ella.

- Tirar cosas viejas sin sentimentalismos, y ganar espacio en un armario para guardar los tapices que estás haciendo.
- Hacer una cena para treinta personas, y luego pasar, en tarjetitas hechas a mano, la receta que todos adoraron.
- Ganar una maratón.
- Comenzar a ir al trabajo en bicicleta.

3 CÓMO SABER SI ERES UNA MUCHACHA MURPHY CON UNA FOBIA SOCIAL

Eres fóbica si eres feliz cuando...

- Una amiga no te reconoce en la calle y puedes seguir caminando sola y tranquila.
- Entras a un bar, restaurante o sitio de vacaciones donde no conoces a nadie, ni encuentras a ningún conocido.
- Hallas siempre un buen pretexto para no ir a una reunión o fiesta.
- Tu mejor plan de sábado a la tarde es un baño de espuma escuchando a Alanis Morrisette.
- Te casas con un hombre tan fóbico como tú para pasar la vida encerrados en casa.
- Descubres en Internet una cabaña perdida en el desierto, perfecta para pasar tus vacaciones.
- Logras cerrar la puerta de tu departamento justo antes de que tu vecina abra la suya.
- Tu teléfono no suena jamás.
- Nadie recuerda tu cumpleaños.

DILES A TODOS QUE NO ESTOY

4 CÓMO SABER SI ERES UNA CHICA MURPHY FIESTERA

Eres una chica fiestera si, además de tener una gran resaca, al otro día de la fiesta te encuetras con esto:

- Al bajar las fotos de la fiesta a la computadora, no se encuentra un solo conocido.
- Los restos de comida china congelada hace seis meses ya no están.
- En la mañana, encuentras al chico de la pizza en tu sofá abrazando a tu mejor amiga.
- Al despertarte, ves billetes dentro de tu sostén.
- Cuando te quieres duchar, ves una botella de champaña y unas copas vacías en la bañera.
- Tus amigos te agradecen lo que se divirtieron con tu baile de odalisca.
- Tienes que correr gente dormida en el piso para encontrar el teléfono inalámbrico.
- Tienes que tomar el café de la jarra, porque no hay tazas ni vasos limpios.
- Las plantas de la vecina de abajo están llenas de canapés y merengues.

CARIÑO, TE AVISO QUE LA FIESTA TERMINÓ HACE DOS HORAS...

SEGUNDA PARTE

Del Señor **Murphy**
solo para mamás

La felicidad es buena salud y mala memoria.
INGRID BERGMAN

CAPÍTULO 1

Leyes de **Murphy**
para tener en cuenta antes
de convertirse en mamá

Los cínicos están en los cierto nueve de cada diez veces.
HENRY LOUIS MENCKEN

El infierno son los otros.
JEAN-PAUL SARTRE

1 LEYES DE LA FERTILIDAD

Primera Ley de la fertilidad indeseada
La velocidad a la que quedes embarazada será inversamente proporcional a tus ganas de tener un hijo.

Segunda Ley de la fertilidad indeseada
Las mujeres son fértiles solo cuatro días por mes, excepto si son solteras.

Tercera Ley de la fertilidad indeseada
Cuando por fin hayas obtenido el puesto de trabajo de alta responsabilidad y compromiso que has anhelado durante años, es exactamente cuando quedarás embarazada.

Cuarta Ley de la fertilidad indeseada
La posibilidad de que quedes embarazada de mellizos o trillizos es directamente proporcional a la cantidad de hijos que tu marido y tú tengan de matrimonios anteriores e inversamente proporcional a los metros cuadrados de tu casa.

EL EMBARAZO GASTRONÓMICO

DIME CÓMO COMES Y TE DIRÉ DE CUÁNTO ESTÁS

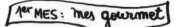

1er MES: mes gourmet

SIENTES QUE A TODO
LE SOBRA CONDIMENTOS

3er MES: Fobias y alergias

LO QUE ANTES TE GUSTABA
AHORA TE REPUGNA

6to MES: Antojos

EL BEBÉ TE PIDE LO QUE QUIERE

9no MES: Huelga de hambre

YA NO HAY SITIO EN TU PANZA

© ANA VON REBEUR

Test físico

Lleva a la cintura doce paquetes de harina de un kilo durante nueve meses. Al noveno mes, quita dos bolsas y carga el resto.

Test nocturno

Arma una bolsa de maíz de unos siete kilos y ponla a unos veinte metros de tu cama junto con un despertador estruendoso que suene cada dos horas. Levántate unas seis veces por noche y pasea la bolsa por la casa durante una hora, cantándole canciones infantiles. Vuelve a la cama y repite el proceso ocho veces hasta las siete de la mañana. Levántate, vístete, desayuna y ve al trabajo a hablar todo el día de lo gorda y pesada que está tu bolsa de maíz.

Test del desorden

Mancha con mayonesa tu ropa. Llena de mermelada las cortinas. Pon un sándwich en el reproductor de CDs y déjalo ahí seis meses. Deja una pata de pollo debajo de tu asiento del auto seis meses y olvida un filete de merluza debajo del almohadón del sofá.

Test del juguete

Compra un balde grande de piezas de Lego. Dile a un loco que las desparrame por toda tu casa. Ahora cúbrete los ojos, quítate los zapatos y camina descalza y a ciegas pisándolas sin proferir insultos. También compra una bolsa de mil bolitas de vidrio y rómpela en las escaleras. Sube las escaleras a oscuras.

Test de las compras
Consigue una cabra, un chimpancé o un jabalí, ponle una soga al cuello y trata de hacer las compras en el supermercado con él a tu lado. Paga los gastos de las cosas que ha destrozado.

Test del vestido
Compra un pulpo vivo y trata de vestirlo con tres capas de ropa de recién nacido mientras se mueve. Que no se salga un solo brazo de su correspondiente manga. Si pierde una zapatilla, se la debes volver a poner. No salgas hasta que esté vestido, o podría resfriarse.

Test de la alimentación
Ata una jarra plástica del techo con una soga, hazla balancear como un péndulo y luego intenta poner una cuchara de papilla dentro de la jarra que se balancea.
Lo que hayas logrado poner dentro, arrójalo al piso cinco minutos antes de salir al trabajo. Limpia todo lo que se ha ensuciado y trata de llegar al trabajo a tiempo.

Nota: Si logras soportar cualquiera de estas pruebas, es porque estás lista. Si realmente vas a llevarlas a cabo, es porque estás loca.

3   REALIDADES DE LA CRIANZA DE LOS HIJOS

- Librados a su suerte, los hijos se descalabran totalmente.
- Si no te encargas tú de criarlos, se sienten abandonados.
- Si se encarga el padre, se identifican con él y te odian.
- Si se encarga la abuela, te olvidan.
- Si te encargas tú, lo que creías correcto no funciona.
- Si quieres relajarte, igual acabas loca.
- Si sigues trabajando luego del parto, los demás te acusan de ser una madre desnaturalizada.
- Si dejas de trabajar por criarlos, te acusan de ser una madre controladora y absorbente.
- Si les pones tres institutrices y dos niñeras, entras en quiebra y les causas daños psicológicos de por vida.

Recuerda la Vigesimosegunda Ley de Murphy: La culpa no estará correctamente atribuida si hay suficientes personas involucradas.

AUTOCONTROL DE LA MAMÁ CONTROLADORA

4 DICCIONARIO DE MAMÁ MURPHY

Abuelos: Aquellos que piensan que tus hijos son maravillosos y que se lamentan porque tú haces todo mal.

Adolescencia: La edad en que los hijos dejan de hacernos preguntas porque ya saben todas las respuestas.

Amnesia: Condición que hace que una mujer que acaba de parir comience a tener sexo otra vez.

Apellido: Lo que tiene un niño para saber cuándo se ha metido en problemas serios.

Despertador: Aparato para despertar personas que no tienen hijos. Sinónimo de bebé.

Dinero: Es lo que no hace la felicidad pero mantiene a tus hijos cerca de ti.

Esterilizar: Lo que haces con el chupete de tu primer hijo al hervirlo, y con el de tu último hijo al pasarle la mano quitándole la tierra.

Felicidad: El momento en el que descubres que todos los niños ya están en la cama.

Fin de semana: El tiempo en que papá juega al tenis y mamá plancha la ropa.

Helado: Sustancia que hace felices a los hijos, cuyo sabor se decide luego media hora de súplicas y que siempre termina chorreándose por todas partes.

Independientes: Como queremos que nuestros hijos crezcan, haciendo todo lo que les decimos.

Mascota: Aquello que es de los niños pero solo es atendido por la madre.

Mesero: Ese idiota que le pregunta a los niños si van a tomar algún otro postre.

Pedante: Un niño que es más listo que el tuyo.

Madre de la Gioconda:
*¿Esa es la mejor sonrisa que puedes poner
cuando te retratan?
¡Por Dios, hija, pon un poco más de alegría!*

Madre de Colón:
*No sé qué habrás descubierto, Cristóbal,
pero, ¿qué te costaba escribirme?"*

Madre de Maradona:
*¡Si rompes otro vidrio de un pelotazo,
te quito la pelota para siempre!*

Madre de Napoleón:
*¡No sales de aquí sin mostrarme
lo que llevas debajo del abrigo!*

Madre de Barney:
*Si sigues viendo televisión vas a terminar
siendo tonto y gordo.*

Madre de Batman:
*¿No estás muy grande para tirarte por un tubo
disfrazado de murciélago, hijo?*

Madre de Paganini:
*Te pasas todo el día haciendo ese ruido infernal con tu violín…
¿Ya ordenaste tu cuarto?*

Madre de Superman:
Mira qué bonito: te llama cualquiera
y sales volando, pero te llamo yo y te demoras horas
porque no encuentras un taxi.

Madre de Einstein:
Muy interesante lo que haces, hijo, pero,
¿qué harás con ese pelo? ¿Estás estudiando la relatividad de los peines?

Madre de Noé:
Muy linda la historia del diluvio universal,
ahora cuéntame qué hiciste durante todas estas semanas.

Madre de Marco Polo:
Desapareces de casa seis meses y lo único que traes son estos fideos.
Dime la verdad: ¿dónde te habías metido?

Madre de Gandhi:
Estás en piel y huesos, si no acabas la comida de tu plato
no te dejo hacer ninguna revolución.

Madre de Buda:
Hijo, eso de estar todo el día sentado no es sano.
¿Por qué no sales a jugar fútbol con tus amigos?

Madre de Jesús:
¡Yo te dije que ese amigo tuyo Judas
no me gustaba nada!

Madre de Edison:
Te felicito por tu invento de la bombilla de luz.
Pero ahora, ¿puedes apagarla y dormirte de una buena vez?

CAPÍTULO 2

Ya es tarde:
ahora eres una mamá **Murphy**

*Tener hijos no lo convierte a uno en padre, del mismo
modo que tener un piano no lo vuelve pianista.*

MICHAEL LEVINE

*Me preocupa mucho tener éxito
en un mundo tan mediocre.*

LILY TOMLIN

LEYES DE MURPHY DEL EMBARAZO

Ley del test positivo

Si tienes el estómago revuelto, mucho sueño y cansancio, no es un virus: es un bebé.

Ley de la panza desubicada

Cuando haces cola en el banco o viajas parada en el tren nadie nota tu panza y por eso nadie te cede el asiento. Cuando vas a una entrevista de trabajo y te pones un vestido de fiesta sexy, todos notan tu embarazo.

Ley de la manito insoportable

La gente más desagradable, sucia y antipática que conoces, es justamente la que te toca la panza para sentir "las pataditas".

¿DOCTOR, USTED CREE QUE ME VOLVERÉ A VER LAS PIERNAS OTRA VEZ?

Ley del nombre

El día que elegiste el nombre perfecto para tu bebé, descubres una marca de salchichas o de desodorante de inodoros que se llama igual.

Ley del destiempo

Toda embarazada tiene antojos de helado con fresas a la medianoche, de piña con salsa de tomate en un restaurante francés, y de tacos picantes a mediodía en la playa.

Ley de la amistad

Tus amigas íntimas se alejan de ti en una proporción 1200 veces superior al aumento de tu circunferencia de cintura.

Ley del regalito

La cantidad de peluches que te vayan regalando antes del parto es inversamente proporcional a la cantidad de gente que te visitará cuando regreses a casa con el bebé.

Ley del doctor Desastre

Cuando por fin quedas embarazada, después de mucho planearlo e intentarlo, tu obstetra arruinará todo llamándote "primogénita añosa".

Ley de la conflagración universal

El dolor que sientas en el parto será directamente proporcional a la cantidad de veces que te digan que el parto no duele nada.

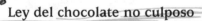

Ley del chocolate no culposo

Si te pasaste la vida sintiéndote culpable por comer chocolate, ahora que el doctor te pide que comas uno antes de la ecografía para que el bebé se mueva... ¡te da nauseas de solo pensar en probarlo!

Ley del traslado

Justo cuando solamente puedes desplazarte en auto, no entras en él.

Ley del menú desperdiciado

Cuanto más rica sea la comida, más acidez estomacal te causará.

Primera ley de la primera ropita
Toda la ropa para bebé que te regalen para el nacimiento, no le entrará al bebé a la semana de vida.

Segunda ley de la primera ropita
Si casi todos los regalos que recibes cuando vas a tener un bebé son de color celeste, seguro que tu bebé será niña.

Leyes de los regalos inútiles
Todos los regalos decorativos, no combinan con el cuarto del bebé. Te regalarán catorce pares de escarpines y ningún abriguito, diez osos de peluche y ningún sonajero.

Ley del parto natural
Cuanto más fanática del parto natural sea una mujer, más urgente será la cesárea.

Primera ley del posparto
Cuantas más intenciones tenga una madre de llevar a su bebé en brazos desde la sala de parto, peor le caerá la anestesia y más tardará en despertarse.

Ley de los bombones

Justo cuando el médico te diga que no comas nada, te regalan toneladas de bombones.

Corolario de la ley de los bombones

No los encontrarás después: se los comerán las visitas.

Segunda ley del posparto

Cuanto peor sea tu depresión posparto, más se te llenará la casa de parientes desagradables que esperan que les convides todos tus bombones.

3 CÓMO IDENTIFICAR A UN PADRE PRIMERIZO

- Viaja en auto mirando al bebé todo el tiempo por el espejito retrovisor, como si fuera a caerse, cuando el niño viaja más atado que una momia.
- Cuando el bebé no llora en la noche, se levanta para ver si respira.
- Le tiene pánico a los bebés desnudos, y los quiere vestir aunque la temperatura sea de 35 grados.
- Tiene pánico de que el bebé se contagie algo y decide irse del restaurante porque el comensal de al lado estornuda.
- Tiene miedo de sacarle el gorro hasta que se le cierre la mollerita.
- No deja que te duches hasta que no amamantes al bebé.
- No quiere bañar al bebé, porque un bebé de meses no está sucio y el agua puede hacerle mal.

- Si el bebé hace un sonido durante el baño, entra en pánico, porque cree que el agua está muy fría o muy caliente.

- No quiere usar champú porque el bebé es pelado.

- Como teme ajustarle demasiado el pañal, prefiere que lo cambies tú.

- Como no sabe por qué llora, quiere que te encargues de todo tú.

¿Para qué sirven los padres?

Para atender a la mami

Para asegurarse de que sus hijos estén bien alimentados

Para hacer proyectos a futuro...

Para seguir de cerca sus progresos...

Para acompañarlos y enseñarles a ser buenas personas...

¡y para mostrarles a los hijos que el amor también es cosa de hombres!

© ANA VON REBEUR

4 LEYES DE MURPHY DE LOS BEBÉS

Ley del paseo
Justo cuando tengas todo listo para ir a dar una vuelta con el cochecito, porque ya no aguantas los llantos del bebé, el bebé se quedará profundamente dormido. Pero si decides no salir, él se despertará llorando en cuanto te sientes en el sillón.

Leyes de la lactancia

1. El bebé tiene siempre más hambre cuando más urgente tienes que salir de casa.

2. Querrá comer en el lugar más concurrido.

3. Querrá que lo amamantes en el tren, justo cuando la próxima estación es la tuya.

Ley de los jeans ajustados
Las sobras de papillas multivitamínicas engordan más a la madre que al bebé.

¡MAMÍ, GRACIAS! ¡ES JUSTO LO QUE MÁS QUERÍA!

Ley de la papilla con puntería

La papilla del bebé tiende a caerse sobre la ropa que estás estrenando.

Ley del sueño del bebé

El bebé dormirá todo el viaje de vuelta a casa después de una larga cena, pero cuando sus padres quieran dormir, él estará ultradespierto y con ganas de jugar.

Ley del juguete caro

El juguete más caro es el que menos dura.

Ley del desorden constante

No importa cuántas veces selecciones los juguetes y guardes las piezas de los juegos en sus respectivas cajas, en cuanto salgas de la habitación todo estará mezclado y desparramado por el piso otra vez.

Ley del aburrimiento

Los chicos más aburridos son los que más juguetes tienen.

Ley del llanto

Todos los bebés lloran porque tienen sueño. Entonces, ¿por qué no se quedan dormidos ni te dejan dormir?

Ley del microbio tentador

Aquello que tenga más bacterias y microbios es lo primero que el bebé se mete a la boca.

Ley del baño contradictorio

Los chicos nunca quieren entrar al agua. Y cuando entran, no quieren salir.

Ley del agujerito

Nada es más atractivo para un bebé que meter el dedo en un agujero. Y si es un tomacorriente, mejor.

Ley de Newton revisada

Los bebés no tienen vértigo. Lo tienen quienes deben rescatarlos de las alturas.

ley del bombero herido

El bebé baja solo, sin rasguños, pero quien lo rescata se fractura una pierna al bajar.

Ley del insomnio

Cuantas más cosas tengas que hacer al día siguiente, menos dormirá el bebé la noche anterior.

Ley de mamá jugando sola

Cuando decides dejar las tareas del hogar para sentarte con tu hijo a jugar, él se va a andar en triciclo.

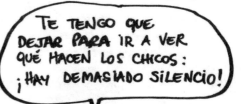

Ley del autosuficiente

Los bebés quieren hacer "yo solito" las cosas más peligrosas: abrir una lata, descorchar una botella, trepar a la terraza por una escalera de incendios o subirse a una bicicleta de adultos.

Ley de la autosuficiencia inversa

A medida que crecen, aprenden a hacer solos las cosas más fáciles: dormir y cambiar el canal de televisión.

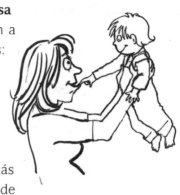

Ley de los padres solícitos

Los padres más solícitos tienen hijos insoportables que jamás aprenden a atarse los cordones de las zapatillas.

Ley de la cosa chiquita

No verás nada pequeño y peligroso porque ya estará en la boca de tu bebé. El bebé siempre ve todo antes que la madre.

Ley del despertar súbito

Siempre suena el timbre o el teléfono cuando el bebé estaba por fin a punto de quedarse dormido.

Ley de la hora de dormir

Ningún bebé es tan adorable como para que la madre no quiera ponerlo pronto a dormir.

Ley del crecimiento súbito

Dentro de cada hermoso bebé hay un insufrible adolescente en la edad del pavo abriéndose paso.

5 LEYES DE MURPHY DEL PASEO

- Cuando quieres que un bebé camine, él quiere que lo lleves en brazos.

- Cuando quieres alzarlo, él quiere caminar.

- Cuando quieres que apure el paso, se arroja al piso y se saca los zapatos.

- Cuando vas con el cochecito, no quiere subirse a él. Si se sube, es haciendo acrobacias peligrosas.

- Tomes el camino que tomes, nunca encuentras rampas para cochecitos sino veredas rotas.

- Los cochecitos espantan a los taxis.

- Cuanto más caro sea el asiento de auto para bebé, más odiará tu hijo sentarse en él.

- Los cochecitos plegables tardan tanto en plegarse que ningún autobús te espera.

Ley del paseo inadecuado

Los chicos solo quieren salir a pasear cuando no hace falta salir de la casa por ningún motivo.

Ley de la falsa admiración ante la hojita

Tu falso tono de admiración ante cada hojita que él levanta no se lo traga ni tu hijo. Pero no hay madre que no diga: "¡Oh, mira

qué maravillosa hojita has encontrado! ¡Qué bonita!".

Ley de la motivación del recorrido urbano infantil

Los bebés salen a pasear para poder masticar colillas de cigarrillos que encuentran en el camino.

Ley del juego peligroso

Los juegos más atractivos del parque siempre están rotos.

Ley del picnic imposible

El césped siempre se ve bien, menos cuando decides hacer un picnic: ese día todo está lleno de caca de perro y hormigueros.

6 ARTÍCULOS PARA BEBÉ QUE NECESITAS Y QUE NO EXISTEN

En vez de baberos bordados... receptáculos recolectores de yogur, restos de puré, sopa y jugo.

En vez de una cuna llena de moños... cuna que imita las vibraciones del auto donde el bebé siempre se queda dormido.

En vez de un móvil musical... un holograma de mamá contando todas las noches el mismo cuento antes de dormir.

En vez de pañales... bolsas de colostomía autoadhesivas adosadas a la colita.

En vez de coche de bebé... un carro tirado por el perro de la casa, entrenado para darle una vuelta por el parque.

En vez de escarpines... patines antivuelco con rueditas para que se desplace solo lo antes posible.

En vez de papilla de cereales... papilla de carne asada con papas a la provenzal, que le quitará el hambre por más tiempo.

En vez de osito de un peluche... un monstrito de peluche, con el cual amenazarlo en cuanto tenga un berrinche.

CAPÍTULO 3

Hijos chicos, problemas chicos...
Hijos grandes, problemas **Murphy**

De pequeño quise tener un perro, pero mis padres eran pobres
y solo pudieron comprarme una hormiga.

WOODY ALLEN

Ni siquiera enmanteco mi pan,
porque considero que eso es cocinar.

KATHERINE CEBRIAN

Hay que admitir que hay ciertas partes del alma
que debemos paralizar para poder
ser felices en este mundo.

SÉBASTIEN-ROCH NICOLAS DE CHAMFORT

1 PROS Y CONTRAS DE QUE TU HIJO CUMPLA DOS AÑOS

A favor: Alrededor de los dos años, el cuerpo de tu hijo alcanza una madurez del sistema nervioso y muscular que le permite coordinar mejor sus movimientos y tener nuevas habilidades.

En contra: ¡El problema es que aún no aprende a controlarlo!

A favor: Empieza a percibirse como una personita independiente y autónoma.

En contra: Insiste en subir en triciclo la escalera mecánica del centro comercial.

¡¡¡No veo la hora de que crezcan y me internen en un asilo de ancianos!!!

A favor: Deja de usar pañales.

En contra: Antes de ir a dormir, insiste en que no quiere hacer pipí, y luego moja la cama.

A favor: Se siente seguro para probar nuevas experiencias.

En contra: Considera que probar a mordiscos el sabor de sus amiguitos es una nueva experiencia.

Ana von Rebeur

A favor: Ya sabe mantener el equilibrio, caminar en puntas de pie y controlar esfínteres.

En contra: También sabe dar patadas certeras a tus piernas y salir corriendo.

A favor: Da muestras claras de su personalidad.

En contra: Aguanta la respiración hasta ponerse azul solo porque se niega a bañarse.

A favor: Entra en la "edad mágica" en la que cree todo lo que se dice.

En contra: Pero no cree que si no sopla la sopa se quemará.

A favor: El vocabulario aumenta de golpe, y de 150 palabras (a los 2 años) pasa a usar unas 1500 a los 3 años.

En contra: ¡No para de hablar!

A favor: Imita a los adultos, tomándolos de modelos.

En contra: Come como su padre.

Educando a Papá Murphy

ESTOY HARTA DE SER LA ÚNICA QUE EDUCA AL NIÑO...

SE COMPORTA COMO QUIERE Y TÚ NUNCA LE DICES NADA...

¿ACASO EL HECHO DE QUE APRENDA BUENOS MODALES DEPENDE EXCLUSIVAMENTE DE LO QUE YO LE EXPLIQUE?

¡NECESITO QUE COMIENCES A INVOLUCRARTE EN SU EDUCACIÓN Y DESARROLLO!

¡OYE, DEJA YA DE JUGAR CON LA COMIDA!

¿TENÍAS QUE DECÍRSELO DE MANERA TAN BRUSCA AL POBRECITO?

¡MAMAAÁ!

© ANA VON REBEUR

2 ES MÁS FÁCIL METERSE EN ALGO QUE SALIR DE ELLO

Como ejemplo de esta ley, están las siguientes frases que una madre jamás debería decir delante de sus hijos.

- "¿Cómo puedes ver la tele desde tan lejos?".
- "Yo también me escapaba a la escuela cuando era chica".
- "¡Prendan las luces, esto parece una cueva!".

- "Los jeans no se lavan todos los días seguidos, como la otra ropa".
- "Nadie se va a morir porque no te cepilles los dientes hoy".
- "Pobre perrito callejero, hiciste bien en traerlo a casa. Tienes un gran corazón, hijo".
- "Por supuesto que es mil veces mejor el chocolate que la acelga".
- "Si los otros chicos lo van a hacer, supongo que es buena idea".
- "No tengo papel. Límpiate con algo."
- "No lleves paraguas, no creo que llueva".
- "Oh, esa maestra es una estúpida".

3 PRINCIPIOS DE LA MATERNIDAD DE ACUERDO A MURPHY

- Gritar para que te hagan caso tiene el mismo efecto que tocar la bocina para que te abran paso.

- Véngate de tus hijos: vive tanto tiempo como para ser un problema para ellos.

- El calor en el hogar no se logra con cabezas calientes sino con corazones cálidos.

- Hay un momento dorado en la familia: cuando los niños son muy grandes para tener niñera y muy chicos para pedirte el auto prestado.

- Hay tres maneras de hacer algo: hazlo tú, paga a alguien para que lo haga o prohíbele a tus hijos que lo hagan.

- Limpiar tu casa con los niños adentro equivale a barrer la vereda cuando llueve.

- Hay dos cosas que tus hijos comparten sin protestar: bacterias contagiosas y la edad de la madre.

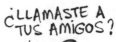

4 Tips para manejar los berrinches infantiles

Haz lo menos posible.
Si el que hace un berrinche logra llamar tu atención, lo intentará otra vez. Mientras él destroza el supermercado, tu di: "No conozco a ese niño".

No le prestes atención cuando está con la pataleta.
Avísale que te vas a Moscú y que esperas que se divierta mucho durante esos quince días pateando el suelo.

No muestres enojo.
Dile: "Mientras tú gritas, yo me compraré una hamburguesa".

Háblale bajo, sin violencia y sin enojo aparente.
Dile: "Amorcito, te detienes ya o llamo a la policía".

Si le agarra el berrinche en casa.
Suspéndele toda actividad y retíralo a su cuarto hasta que se le pase. Dale un tiempo de reflexión solitaria. Quizás te salga filósofo o monje.

Abrázalo y mímalo.
Cuando se está portando bien. Si no quiere mimos, envíale una carita sonriente por mail.

© Ana von Rebeur

5 VENTAJAS DE QUE TUS HIJOS COMIENCEN UN NUEVO AÑO ESCOLAR

- Tienes el cuarto de baño libre y disponible solo para ti.
- No tienes que andar pisando piezas de Lego toda la mañana.
- **Puedes acabar una charla telefónica sin interrupciones.**
- Tus hijos ya no se quejan de ti, sino de sus maestras.
- Ya no pelean con sus hermanos, sino con sus compañeros.
- No miran televisión durante toda la mañana.
- Comienzan a habituarse a levantarse temprano.
- Salen de casa y van notando los cambios de estaciones meteorológicas.
- Se dan cuenta de que era cierto aquello de que si no se atan los cordones de los zapatos acaban tropezándose, y de que si no se peinan, alguien más se los hace notar.
  - Recuperan la capacidad de asombro al verificar que en efecto un frijolito germina.
    - Todos tienen hambre a la misma hora.
    - Puedes caminar por la calle sin llevar una manito de cada mano.

Reunión con la maestra

© Ana von Rebeur

6 LEYES DE MURPHY PARA LAS REUNIONES DE PADRES

- Cuando llegues temprano, se cancelará.

- Cuando llegues a horario, se demorará.

- Cuando llegues diez minutos tarde, todo se habrá resuelto en diez minutos.

- En las reuniones de padres solo hay madres.

- Si la maestra te cita, nunca es para darte buenas noticias.

- Cuando tu hijo necesita asesoramiento psicopedagógico, la escuela no tiene gabinete psicopedagógico.

- Si las maestras te dicen que tu hijo es un caso especialmente problemático, piensa que a todas las madres les dicen lo mismo.

- Las buenas calificaciones son del hijo de otro.

- Siempre anuncian excursiones que nunca se realizan.

- Siempre hay un padre que solo quiere hablar de su propio hijo y nada más.
- El padre de más de dos hijos sonríe resignado pues ya lo ha escuchado todo cien veces un año antes.

Conclusión general: Que los hijos sean salvajes es culpa de la ineptitud de los padres; lo que hagan o no en la escuela, nada tiene que ver.

Primera ley del disfraz complejo
En los actos escolares, a tu hijo siempre le toca llevar el traje más complicado.

Segunda ley del disfraz complejo
Es muy poco probable que tu hijo actúe de niño. Actuará de jirafa, rinoceronte o caballero medieval.

Ley del disfraz de medianoche
Si tu hijo te anuncia que necesita para el día siguiente un traje de castor, es que necesita un traje de pastor.

CAPÍTULO 4

La mamá **Murphy**
y el hijo adolescente

*Uno de los efectos más visibles de la presencia de un niño
en un hogar es convertir a padres valiosos en perfectos idiotas cuando,
sin él, tal vez hubieran quedado en un estadio mayor de imbecilidad.*

GEORGES COURTELINE

*Consigues mucho más con una palabra amable
y una pistola que solo
con una palabra amable.*

AL CAPONE

Los hijos endulzan las penas, pero hacen más amargas las desgracias.

FRANCIS BACON

1 LEYES DE MURPHY PARA TRATAR CON ADOLESCENTES

- Si quieres cambiar el comportamiento de tu hijo, primero tienes que cambiar el tuyo.
- Si no los puedes convencer, confúndelos.
- No es que tus hijos sean tontos. Es que el total de la inteligencia en el planeta es constante y la población no para de crecer.
- La Naturaleza es pródiga y todas sus criaturas consumen muy poco de ella. Excepto nuestros hijos, que lo consumen todo.
- Los hijos hacen todo mal para que les digas: "Deja que lo haga yo".
- A dos hijos adolescentes jamás les gusta la misma música. Solo les gusta el mismo nivel de volumen.
- Jamás le preguntes a un adolescente si tiene dinero.

Ley de las expectativas negativas
Las expectativas negativas hacia un hijo adolescente llevan a resultados negativos. Las expectativas positivas hacia un hijo adolescente llevan a resultados negativos.

Ley de Marlboro
Si no quieres que tu hijo sea fumador, fuma tú. Por pura rebeldía, él odiará el tabaco para siempre.

Ley sobre la oportunidad de los adolescentes
Cuando la oportunidad llame a su puerta, tu hijo tendrá los auriculares puestos a todo volumen.

Ley del padre fantasma en casa
Los hijos de padres separados se parecen más al padre en medida inversamente proporcional a la cantidad de tiempo que pasan con él.

Ley de la musculatura inútil
El hijo que levanta pesas de cincuenta kilos no puede levantar una media sucia del suelo.

Ley de la solución rapidísima
Si tienes una tarea difícil, confíasela a tu hijo más vago. Él encontrará la forma más fácil de hacerla.

Ley de los hijos que llegan tarde a casa
Cuando un hijo no llega a casa a la hora en que te dijo que llegaría, nunca es porque se esté muriendo. Pero cuando por fin llega, quisieras matarlo.

2 ¿CÓMO SABER SI TU HIJO ES ADICTO A INTERNET?

Suma un punto por cada respuesta afirmativa:

- ¿Su actividad deportiva favorita es estar sentado realizando pequeños movimientos ascendientes y descendientes con la mano derecha sobre un pequeño trozo de plástico gris durante tantas horas como sea posible, o hasta que se corte la luz?

- ¿Su dieta se basa en bolsas de papas fritas y gaseosas en lata y su teclado está lleno de miguitas saladas?

- ¿No tiene paciencia para esperar que hierva una salchicha, pero es capaz de quedarse horas mirando cómo baja un archivo de música para su iPod?

- ¿Si le sugieres salir de casa y ventilarse, lo que hace es meterse en un café Internet abierto las 24 horas?

- ¿Solo tiene amigos virtuales, que lo invitan a pasar las vacaciones en Zimbabue y Daressalaam?

- ¿Estás pensando en hipotecar la casa para pagar la cuenta telefónica?

- ¿Solo deja de chatear cuando sus uñas están tan largas que se chocan contra el teclado?

- ¿Ya no recuerda el nombre de su perro, ni tampoco el de sus hermanos?

- ¿No se puede entrar a su cuarto porque las telarañas impiden el paso?

- ¿Los nombres de todos los sitios web guardados en su carpeta de favoritos empiezan con "sex", "porn" o "anal"?

- ¿Con la novia, en vez de salir, chatea?

- ¿Su computador está tan caliente que podrías freír huevos sobre el monitor?

Resultados

De 1 a 3 puntos:

Estás a tiempo. Saca a tu hijo a la calle antes de que la piel se le ponga de un tono verde aguacate.

De 4 a 7 puntos:

Hazle recordar que cada tanto hay que respirar e ir al baño.

De 8 a 11 puntos:

¿Qué estás esperando para pagarle cursos de "Cómo ser un hacker"? Tal vez consiga trabajo en el Pentágono.

De 12 puntos:

Pierde toda esperanza y véndelo en E-bay o deremate.com.

3 VERDADES SOBRE LOS HIJOS ADOLESCENTES Y EL CELULAR

- Los celulares no sirven como sistema de rastreo de los hijos.

- Si tu hijo no responde una llamada, no es porque está solo y triste, o agonizante en un zanja, sino porque esta acompañado y divirtiéndose en un sitio con música demasiado estruendosa.

- Lo que pagas del celular de tus hijos, para que siempre puedan llamarte y no te digan que no tienen minutos, tu hijo varón lo gastará en pagar un servicio de informativos deportivos y tu hija lo gastará en una sola llamada a una amiga con la que se iba a encontrar en media hora.

- Le quitarás a tu hijo el teléfono celular en castigo solo la mitad de veces que él lo pierda por su propia torpeza.

- Cuando sientes que no necesitas repo-
  nerle el teléfono celular a tu hijo, tu
  marido decide reponérselo para estar
  comunicado con el nene. Y cuando
  tu marido dice que basta de celulares,
  la que cree que necesita reponerlo para
  tener más control sobre los movimientos de tu hijo, eres tú.

- Cada vez que necesitas que tu hijo
  te llame de su celular, él se quedó
  sin crédito, sin batería, lo apagó, se
  lo olvidó o lo puso en un sitio inaccesible.

- Los mensajes de texto que te envían tus
  hijos son los únicos que no entiendes en
  absoluto.

- Todos los hijos llaman a tu celu y cortan, para que lo llames tú.

4   CÓMO SABER SI TU HIJA ES UNA ADOLESCENTE

- Se parece a tu hija de siempre, solo que usa más maquillaje y menos ropa.
- Niega tu existencia en el planeta, excepto cuando te pide plata.

- Duerme abriéndose paso sobre un montón de ropa sucia.

- Solo la activa el *ringtone* de su celular.

- No quiere salir contigo por temor a que la gente piense que eres su madre.

- Ninguna ropa nueva le parece suficiente.

- Cada vez que crees que piensa seriamente en su futuro, en verdad está meditando acerca de dónde se hará su próximo piercing.

- Su idea de ir bien vestida es probar distintas combinaciones de ropa negra.

- Cuando por fin lo cuelga, deja el teléfono caliente.

- No puedes pedirle nunca nada porque está demasiado ocupada depilándose las cejas.

- Cuando no se está depilando las cejas, está verificando si hay más cejas para depilar.

- Si no está en casa depilándose, no sabes adónde fue ni cuándo vuelve.

- Solo regresa a casa para revisar Facebook y pedirte un celular más moderno.

- El interés de tu hija adolescente por tu ropa es directamente proporcional al uso que pensabas darle.

CRISIS DE MADRE E HIJA

MI VIDA ES UN TOTAL FRACASO...

¿CÓMO VAS A DECIR ESO, HIJITA? ERES BELLA, INTELIGENTE, TALENTOSA, UNA COCINERA EXPERTA...

¡PERO NO ENCUENTRO UN CHICO CON QUIEN ME LLEVE BIEN!

ES SOLO CUESTIÓN DE TIEMPO...¡YA HALLARÁS TU ALMA GEMELA!

PERO NO QUIERO QUE ME PASE COMO A TI, SUFRIR UN DIVORCIO TRAS OTRO HASTA QUEDAR SOLA Y SIN UN AMOR...

¡PERO HACES UNOS PASTELES ESTUPENDOS, MAMÁ!

BUAAA!!..

ANA VON REBEUR ©

5 QUÉ SABEN LAS MADRES ESTILO MURPHY DE SUS HIJOS ADOLESCENTES

- Los consejos que tu hijo ignora serán los que les dará a sus propios hijos.

- La mejor madre es la que mejor disimula su desesperación.

- Madre es quien no cesa de repetir los defectos y errores de su hijo de modo tal que él, recordándolos, no los repita.

- Entre más se empeñe un chico en esconder algo de su madre, más rápidamente será descubierto.

- Uno puede engañar a algunas personas por algún tiempo, a muchas personas por mucho tiempo, pero nunca puede engañar a la madre ni por un minuto.

- Es hermoso ser madre de hijos adolescentes y que te manden a hacer un viaje de trabajo de seis meses a unos 7000 kilómetros de casa.

- Las madres saben cuando sus hijos mienten, aunque les mientan por teléfono.

- Los hijos deben obedecer ciegamente, pero si nunca cuestionan la autoridad, serán tiranizados por cualquiera.

- Deposita toda tu confianza en ellos pero siempre verifica que hayan hecho lo correcto.

- Que creas que tus hijos te mienten resulta humillante para ellos, pero no creas nada de lo que te digan y verifica cada información con al menos tres fuentes externas.

- Enséñales la importancia de formar parte de un grupo, de hacerse un lugar entre otros... Y cuando sea necesario, aclárales que más vale estar solo que con ese grupo de idiotas despelucados que son sus amigos.

- A los hijos hay que saber escucharlos... Para luego explicarles que han dicho una sarta de tonterías sin pies ni cabeza.

- Diles que vayan siempre por más y que jamás acepten un no como respuesta, excepto cuando viene de su mamá.

- Enséñales a cumplir con sus compromisos y a asumir responsabilidades, pero que no pierdan la capacidad de disfrutar de la vida despreocupadamente.

- Ayúdales a descubrir que la vida está para disfrutarla, pero que sepan que cada minuto libre deben aprovecharlo estudiando.

- Que aprendan a tratar al prójimo como quisieran que los traten a ellos, pero que no regalen sus zapatos nuevos al primer niño que se los pida.

- **Que sepan que los principios fundamentales de la familia son aplicables a todos, menos a mamá.**

- Que sepan que romper la rutina y cambiar de planes cada tanto nos hace sentir vivos, pero que te avisen con antelación qué van a hacer, con quién, a qué hora regresan a casa y si ya hicieron la tarea.

7 COSAS QUE LOS ADOLESCENTES ODIAN DE SUS MADRES

- Que canten o bailen cuando pasan por la radio una canción que ellas bailaban en la discoteca treinta años atrás.
- Que los llamen a gritos por la calle.
- Que entren en sus habitaciones… ¡ni siquiera para ordenar y hacer la cama!
- Que pregunten qué hicieron durante el día.
- Que pregunten cuándo tienen examen.
- Que pregunten si estudiaron.
- Que pregunten cuándo piensan estudiar.
- Que pregunten cuándo piensan cortarse el pelo.
- Que pregunten cuándo piensan comprarse ropa más decente.
- Que entren al baño sin golpear la puerta.
- Que se paseen por la casa en ropa interior.
- Que reciban a sus amigos con rulos puestos.

- Que les pidan que cuelgen el teléfono porque tienen que hacer una llamada urgente.
- Que les pidan que bajen esa música horrible que les da jaqueca.
- Que preparen comidas sanas y pretendan que sus hijos se hagan macrobióticos como ellas.
- Que les cuenten cosas privadas de ellos a perfectos extraños.
- Que se quejen de que los hijos no hablan, pero que digan: "Detente, no te puedo escuchar ahora", cuando los hijos quieren comentar algo.
- Que quieran buscarle "amiguitos" en el lugar de las vacaciones.
- Que tomen cerveza y no les conviden.
- Que discutan con papá delante de los hijos.
- Que levanten porquerías que encuentran en la calle, como macetas, lámparas viejas o una silla pestilente... y las lleven a casa.
- Que interroguen a los amigos.
- Que llamen "novia" a una chica con la que salieron dos veces y que no saben si saldrán una tercera vez.
- Que mencionen durante tres años el nombre de esa chica y llamen con ese nombre a cualquier chica nueva.
- Que los llamen al celular en medio de la clase.
- Que les lleven medicamentos a la escuela y esperen que llegue el recreo para dárselos delante de todos.
- Que no les quieran comprar las muñequeras de cuero negro con púas de metal que son lo máximo.
- Que no los dejen usar la computadora después de las once de la noche... ¡que es cuando todo el mundo se conecta al Messenger!

8 CÓMO SABER SI TU HIJO ADOLESCENTE ES UN SOL

- Regresa a casa el mismo día en el que salió.
- Regresa con la misma ropa con la que partió.
- Te dice más veces "mami" que "vieja".
- Sus amigos son buenos chicos.
- Pone música a un volumen que no hace que los vecinos presenten una denuncia a la municipalidad.
- Duerme solo.
- No fuma, o solo fuma cosas que se venden en la tienda.
- No bebe alcohol, o solo bebe en ocasiones sociales.
- Solo lleva el dinero que alguien le dio de buen grado, voluntariamente.
- Encuentra que la vida negra (como es a los ojos de un adolescente) tiene cosas disfrutables.

9 NO TE QUEJES DE TUS HIJOS ADOLESCENTES SI...

- A veces te citan los maestros de la escuela y es solamente para anunciar que tienen que llevar a los chicos a un acto escolar... ¡y nadie te dice que tu hijo es un desastre en clase!
- Son capaces de apagar la computadora después de la cuarta vez que se los pides.
- Recuerdan cambiarse los calcitines con cierta frecuencia.
- No tienen tantas caries como dedujiste según el poco uso que hacen de sus cepillos de dientes.
- Aún puedes sobornarlos con una pizza.
- Aún sonríen por cosas que les dices.
- Pese a todas sus quejas, aún no se han fugado de casa.
- Quitarles el Play Station no es una dramática hecatombe familiar.
- Saben hablar con sus amigos de otra manera que no sea por teléfono, mensajes de texto o chat.

- Te dicen la verdad el 60 % de las veces que abren la boca.
- Dices que contarás hasta tres para que hagan algo y en un 60 % de casos no tienes que contar hasta cuatro.
- No tienen tantos piercings como para que los detectores de metales suenen a su paso.

No sé si mamá me va a dejar ir a la fiesta...

¡Preguntáselo a ella!

No, me va a decir que no, ¡ella es muy estricta!

...No perdés nada al preguntarle, no seas cobarde...

Prefiero no ir a que me diga que no...¡es tan anticuada y miedosa que me lo va a prohibir!

¡Hablá con ella!

¡No voy a convencerla de que me deje salir!

Eso es una tontería...mamá solo nos cuida hasta que tengamos criterio y buen sentido...

Yo no dije que sea mala, sino miedosa...

...No es miedosa sino responsable: nos protege...y si nos dice que no, es por una buena razón...

¡Caramba, no sabía que yo era tan buena madre!

© Ana von Rebeur

CAPÍTULO 5

Cosas que hacen que ser mujer valga la pena aunque la vida sea tan **Murphy**

El éxito es tímido: no saldrá si estás mirando.
TENNESSEE WILLIAMS

Nuestro propósito en la vida no es el de triunfar,
sino el de seguir fracasando con buen ánimo.
ROBERT LOUIS STEVENSON

1 COSAS QUE PARA UNA MADRE VALEN MÁS QUE UN MILLÓN DE DOLARES

- Que alguien le envíe flores después del parto.
- Salir de la sala de partos con el bebé en brazos.
- Presenciar la primera sonrisa del bebé.
- El primer paseo del bebé en el coche de bebés flamante.
- Que perfectos extraños le digan que su bebé es hermoso.
- El cantito de un bebé de un año arrullándose al despertar.
- Ver a su hijito de tres años darle el biberón a la hermanita de meses.
  - Que sus dos hijos se rían juntos… ¡y no se peleen!
    - Que su hijo se acabe todo el plato de comida.
      - Escuchar a su hijo diciendo por primera vez "mamá", después de que solo dijo "papá" por dos meses.
        - Que sus hijos dejen de tener fiebre y dolor.
        - Que a sus hijos se les ilumine la cara al verla en la puerta de la escuela.
        - Encontrar una libreta escrita con el mensaje más lindo del mundo que escribió su hijita a los seis años.

1 LO QUE DISFRUTA LA MAMÁ QUE SE HACE VALER

1 Ganar una discusión.

2 Escuchar que su marido y su hijo le dan la razón.

3 Ver que el auto se daña luego de que ella comentó que "está haciendo un ruido raro".

4 Comprobar que todos cambian de plan por ella, con tal de no escucharla protestar durante seis horas.

5 Que todos le consulten siempre qué hay que hacer.

6 Saber que si hace pucheros como un bebé, a su marido le mueve el corazón.

7 Tener antojos de comidas raras aunque hace quince años que no está embarazada… y que su marido le busque helados a la medianoche.

8 Hacer sentir a todos culpables si no le hacen caso.

9 Verificar que si empaca lo suficiente, siempre se sale con la suya.

10 Descubrir que todos se van dando cuenta de que las mamás tienen un sexto sentido, y que más vale que le hagan caso.

2

PARADOJA DE SILVERMAN: SI LA LEY DE MURPHY PUEDE FALLAR, FALLARÁ.

Es Anti Murphy…

- Encontrar que lo que estabas por comprar está de oferta.
- Que te presten un libro que te morías por leer.
- Descubrir en una alacena una bolsa de papas fritas intactas un viernes en la noche.

- Poder ponerte las zapatillas sin tener que desatarte los cordones.
- Que el exquisito aroma a panqueques que huele en la calle salga de tu casa.
- Que pasen por la radio tu canción favorita.
- Descubrir que la película que alquilaste cuando estabas triste no es una porquería.
- Que estés agotada y alguien más cambie las sábanas.
- Que en tus vacaciones abandones la dieta… y al regreso veas que has bajado cuatro kilos.
- Que tu novio te regale algo que una vez le comentaste que te gustaba (¡increíble, lo recordó!).

- Que justo cuando pensabas estudiar francés, conozcas a un francés que te enseña el idioma en dos meses.

- Conseguir en un hotel en temporada alta, habitación con vista al mar.

- Que encuentres un paraguas olvidado justo cuando empieza a llover.

- Que sea una hermosa tarde de sol y no sea miércoles, sino sábado.

- Que cuando creas que no puedes convivir con nadie más que con tu gato, te presenten a un hombre maravilloso que quiere que te vayas a vivir con él.

- Que seas la última en irte a la cama y que tu marido siga despierto, esperándote.

- Que se te reviente un neumático en medio de una carretera solitaria y que quien te ayude se convierta en pocos meses en tu adorado marido.

- Que te echen del décimo empleo en dos años… y esto te lleve a convertirte en empresaria independiente.
- Que te resignes a no poder tener un hijo por problemas de fertilidad… y que justo cuando lo tienes asumido quedes embarazada.

CUANDO DESPUÉS DE DESTRUIRTE EL PELO CON TINTURA, DESCUBRES QUE AL CORTÁRTELO TE QUEDA MEJOR.

ANTES · DESPUÉS

♥ Sueños de Madre ♥

Escuchar que te llamen "mamá"...

...¡y que no te llamen más!

Que vayan solos al baño...

...y que salgan del baño.

Que triunfen en la vida.

...y que no se exijan demasiado.

Que se hagan las camas...

¡y que deshagan las camas!

- Hacer pompas de jabón en la plaza y que los otros chicos corran tras ellas.
- Correr descalzos por la playa en invierno.
- Remontar barriletes.
- Descubrir con tu hijo que ya se le pueden sacar las rueditas pequeñas a la bicicleta.

- Hacer el primer picnic de primavera.
- Elegir un cachorrito nuevo con tu hijo.
- Que tu hijo haga unas galletas de aspecto horrible pero deliciosas.
- Después de un chaparrón, llegar a casa empapados y tomar chocolate caliente.

- Echarse en el césped a descubrir formas en las nubes.
- Pintar con las manos.
- Preparar palomitas de maíz y pescarlas al vuelo cuando saltan.
- Sembrar tomates entre todos y verlos crecer.
- Ir de pesca y devolver los peces al agua.
- Mostrarle el hermanito nuevo a los hermanos mayores.
- Ver cómo la hermanita menor imita a la mayor.
- Cargar a tu bebé por primera vez.

- **Que por primera vez te diga: "Te quiero mucho mamá".**